浙江智库
ZHEJIANG THINK TANK
浙发规院文库
ZDPI PUBLICATIONS

生态产品价值实现机制50问

浙江省发展规划研究院 编

中国发展出版社
CHINA DEVELOPMENT PRESS

图书在版编目（CIP）数据

生态产品价值实现机制 50 问 / 浙江省发展规划研究院编 . -- 北京 ：中国发展出版社，2025. 8（2025. 8 重印）.
ISBN 978-7-5177-1499-6

Ⅰ. F062. 2-44

中国国家版本馆 CIP 数据核字第 20255LU168 号

书　　　名： 生态产品价值实现机制 50 问
著作责任者： 浙江省发展规划研究院
责 任 编 辑： 陈俞蒨
出 版 发 行： 中国发展出版社
联 系 地 址： 北京经济技术开发区荣华中路 22 号亦城财富中心 1 号楼 8 层（100176）
标 准 书 号： ISBN 978-7-5177-1499-6
经　销　者： 各地新华书店
印　刷　者： 北京瑞禾彩色印刷有限公司
开　　　本： 710mm × 1000mm　1/16
印　　　张： 8.75
字　　　数： 90 千字
版　　　次： 2025 年 8 月第 1 版
印　　　次： 2025 年 8 月第 2 次印刷
定　　　价： 49.00 元

联 系 电 话：（010）68990625　68990692
购 书 热 线：（010）68990682　68990686
网 络 订 购： http://zgfzcbs.tmall.com
网 购 电 话：（010）68990639　88333349
本 社 网 址： http://www.develpress.com
电 子 邮 件： 343181751@qq.com

《生态产品价值实现机制50问》编委会

主　　编：李　军

副 主 编：周世锋

执行主编：郑启伟　吴洁珍

编　　委（按姓氏笔画排列）：

丁丽莲　李思远　郑卓联　赵祖亮

章苏焕　蒋婷婷　廖　彦

前 言

建立健全生态产品价值实现机制，是贯彻落实习近平生态文明思想的重要举措，是践行“绿水青山就是金山银山”理念的关键路径，是从源头上推动生态环境领域国家治理体系和治理能力现代化的必然要求。2017 年 10 月，中共中央、国务院在《关于完善主体功能区战略和制度的若干意见》中，明确提出在浙江、江西、贵州、青海等地具备条件的地区开展生态产品价值实现机制试点。2018 年 4 月，在深入推动长江经济带发展座谈会上，习近平总书记提出要“探索政府主导、企业和社会各界参与、市场化运作、可持续的生态产品价值实现路径”[1]。2021 年 4 月，针对生态产品“难度量、难抵押、难交易、难变现”等问题，中共中央办公厅、国务院办公厅在《关于建立健全生态产品价值实现机制的意见》中，对建立健全生态产品价值实现机制的指导思想、工作原则、战略取向、主要目标以及六大机制等内容进行了全面部署。

浙江是习近平生态文明思想的重要萌发地和率先实践地。

① 习近平:《在深入推动长江经济带发展座谈会上的讲话》,《求是》2019 年第 17 期。

习近平同志在浙江工作期间，率先提出“生态兴则文明兴”[①]的生态文明观，首次提出“绿水青山就是金山银山”[②]的科学论断，初步构建了习近平生态文明思想理论体系框架。之后，历届浙江省委省政府一任接着一任干、一张蓝图绘到底，不断完善生态文明建设制度体系和工作推进机制，推动习近平生态文明思想在浙江大地生根壮大。2018 年 5 月，浙江省委省政府在《浙江省大花园建设行动计划》中，明确提出了探索生态产品价值实现机制的工作任务。2019 年 1 月，国家发展改革委长江办批准丽水市作为第一个生态产品价值实现机制探索地区；同年 3 月，浙江省政府印发了《浙江（丽水）生态产品价值实现机制试点方案》。2019 年至 2021 年，浙江省政府连续三年把“开展生态产品价值实现机制试点”列为年度重点任务，浙江省发展改革委把深化“两山”转化改革作为全省牵一发动全身的重大改革项目，着力破解生态产品价值实现中各类深层次矛盾和体制机制问题。自此，浙江省率先开启了生态产品价值实现探索实践。其间，2020 年 10 月，浙江省发布实施了全国首部省级生态系统生产总值核算标准《生态系统生产总值（GEP）[③]核算技术规范　陆域生态系统》，为衡量绿水青山的生态价值提供了科学标尺；2021 年 11 月，浙江省委办公厅、省政府办公厅印发了《关于建立健全生态产品价值实现机制

---

① 习近平：《生态兴则文明兴——推进生态建设　打造“绿色浙江”》，《求是》2003 年第 13 期。

② 中共中央宣传部、中华人民共和国生态环境部：《习近平生态文明思想学习纲要》，学习出版社、人民出版社，2022。

③ 生态系统生产总值（Gross Ecosystem Product，GEP）也称生态产品总值。

的实施意见》；同时，浙江省还出台了诸如《浙江省生态系统生产总值（GEP）核算应用试点工作指南（试行）》《浙江省生态产品基础信息普查和动态监测制度（试行）》《浙江省生态系统生产总值（GEP）核算统计报表制度》《浙江省生态产品基础信息普查和动态监测制度（试行）》等系列政策。

近年来，浙江省以高质量发展建设共同富裕示范区为契机，以全域美丽大花园建设为抓手，以丽水生态产品价值实现机制国家试点为牵引，以山区 26 县绿色高质量发展为重点，以体制机制改革创新为核心，率先开展了一系列生态产品价值实现的理论研究和实践创新，并取得了初步成效。在提升生态溢价方面，浙江省开展国家农业绿色发展试点先行区建设，创建了首个国家农产品质量安全示范省，建立了多个区域公用品牌，增强了绿色优质农产品供给能力。在生态旅游方面，浙江省全力推进全域旅游，积极创建国家全域旅游示范省，启动诗路文化带建设，打造十大名山公园和十大海岛公园。截至 2024 年底，全省拥有国家 5A 级景区 21 个，总量位居全国第二。在绿色金融方面，浙江省积极探索创新金融服务模式，为生态产品价值实现提供有力支撑。截至 2024 年底，全省绿色贷款余额同比增长 25.7%，显著高于其他各项贷款增速。在制度创新方面，浙江开展“两山合作社”改革、地役权改革、数字化赋能、将 GEP 核算结果纳入财政奖补等创新探索，初步破解了生态产品价值实现的堵点、痛点和难点。

在推进生态产品价值实现的具体工作中，还存在很多问题。如对生态产品概念认识还不够清晰，导致政府、市场主体、普通大众对此理解、把握有难度；对GEP的内涵、外延以及背后的科学道理缺乏权威解读，核算指标体系和过程复杂，核算结果不易被理解和接受，导致应用受阻；生态产品价值实现的产业化路径还不够清晰，对如何充分发挥好生态这一新的生产要素的作用，有待达成更广泛的共识；生态资源资产确权的历史遗留问题、权证信息不准等难题，导致责权利关系不清、容易产生纠纷；生态资源资产开发以支付租金为主，经营主体与村集体、农民等尚未形成利益共享、风险共担的利益共同体；等等。针对这些问题，亟须对相关概念、科学道理、实践应用等进行科普性解读，以便使生态产品价值实现这一切实推进“两山”转化的工具更容易被社会各界接受。为此，本书将从浙江在推进生态产品价值实现机制实践工作中遇到的问题出发，从基本概念、重要意义、价值核算、实现路径、制度保障、未来趋势、误区辨析等方面进行解读，为全面理解国家生态产品价值实现的相关政策、指导实践提供参考。

作为一个崭新的领域，生态产品价值实现相关的理论和实践尚处在探索阶段，加之编者的水平有限，不足之处在所难免，敬请读者批评指正！

编者

2025年6月

目　录

概念篇

1. 什么是生态产品?

可以先从“生态”和“产品”的角度去理解生态产品。产品是指被人们使用和消费，并能满足人们某种需求的任何东西，有的能摸得着（有形产品），有的摸不着（无形服务）。近年来，随着人民生活水平不断提高，对美好生活的需要越来越多地体现在优美生态环境等方面。党的十九大报告中指出：“既要创造更多物质财富和精神财富以满足人民日益增长的美好生活需要，也要提供更多优质生态产品以满足人民日益增长的优美生态环境需要。”而这些优美生态环境的获得需要投入，有一定的成本与收益，往往要付出一些相应的直接或间接成本。同时，一些由自然生态系统提供的有形物品，如清洁水源，以及无形服务，如休闲娱乐，也进入了市场并参与供给，直接满足消费者的多样化需求。从这个角度出发，生态具有产品的属性，可以称之为生态产品。

从“狭义”和“广义”的角度去理解生态产品。狭义上，学术界大多沿用《国务院关于印发全国主体功能区规划的通知》（国发〔2010〕46号）中的概念，将生态产品界定为维系生态安全、保障生态调节功能、提供良好人居环境的自然要素，包括清新的空气、清洁的水源、宜人的气候等看似与人类劳动没有直接关系的自然产品。广义上，生态产品还包括通过清洁生产、循环利用、降耗减排等途径，减少对生态资源的消耗生产出来的有机食品、绿色农产品、生态工业品等物质产品[①]。

国家发展改革委、国家统计局在联合印发的《生态产品总值核算规范（试行）》（发改基础〔2022〕481 号）中指出，生态产品是生态系统为经济活动和其他人类活动提供且被使用的货物与服务贡献，包括物质供给、调节服务和文化服务三类。国际上与这一概念最为接近的一个概念是联合国统计司最新制定的《环境经济核算体系—生态系统核算》（SEEA–EA）中的“生态系统最终服务”。

“生态产品”这一中国特色概念，其内涵与外延还在不断发展中，尚未达成多方统一的认识。不过在具体工作中，大家要以国家发展改革委、国家统计局在发改基础〔2022〕481 号文件中的说法为准。

---

① 张林波、虞慧怡、郝超志等：《生态产品概念再定义及其内涵辨析》，《环境科学研究》2021 年第 3 期。

2. 什么是生态产品价值?

生态产品能够满足人们的多种需求，提高人们的生活质量和幸福感，促进经济社会的可持续发展，良好的生态环境蕴含着无穷的价值。党的十八大报告指出要“增强生态产品生产能力”。因此，生态产品具有价值已经成为共识，但是对于其价值的理论基础还处于研究阶段，大致有以下两种观点。

一种观点是基于劳动价值论的解释，即劳动产生价值。人类有意识地从事生产、管理、治理、经营等具体或者抽象的劳动，使得生态产品具备人所需要的资源或者经济价值，即生态产品的价值。

另一种观点是基于效用价值论的解释，即稀缺性。在人类对自然生态开发利用程度较低的阶段，在空气、水源都比较充裕的情况下，其价值实现不存在空间。随着经济社会快速发展，原本丰富的生态产品逐渐变得稀缺，生态产品价值日益凸显，因此具备了价值实现的现实基础。

3. 什么是生态产品价值实现?

生态产品虽然具备价值，但是如果不能转化为实实在在的经济效益，就会慢慢陷入“生态—贫困”的“死亡螺旋”，即生态良好的地区无法通过保护生态环境获得合理回报，从而选择以牺牲生态环境换取经济效益的做法。这一做法进一步加剧生态环境的脆弱性，会导致贫困的发生或贫困程度的加深。同时，经济发达地区也无法享受良好生态环境带来的惠益，生态环境保护和经济发展的矛盾也将进一步加剧，不发达地区与生态产品富集地区高度耦合是我国推动生态产品价值实现的现实背景。

2005 年，时任浙江省委书记的习近平同志在安吉县考察工作时，首次提出“绿水青山就是金山银山”理念，并强调，“过去我们讲既要绿水青山，又要金山银山，其实绿水青山就是金山银山，本身，它有含金量”①。生态产品价值实现实质上就是将绿水青山中蕴含的生态产品价值合理高效地变现：合理是指生态产品的价格既应体现其稀缺性的溢价，又应包含其外部经济性的内部化；高效则是打破体制机制上的瓶颈制约，使得生态产品的变现渠道

---

① 本书编写组:《干在实处　勇立潮头——习近平浙江足迹》，浙江人民出版社、人民出版社，2022。

和路径更加畅通、便捷。2018 年 4 月，习近平总书记在深入推动长江经济带发展座谈会上强调，“要积极探索推广绿水青山转化为金山银山的路径，选择具备条件的地区开展生态产品价值实现机制试点，探索政府主导、企业和社会各界参与、市场化运作、可持续的生态产品价值实现路径”①。在保护中发展，在发展中增绿，使绿水青山持续产生生态效益和经济社会效益，生态产品价值实现是实现可持续发展的必然选择。

---

① 习近平：《在深入推动长江经济带发展座谈会上的讲话》，《求是》2019 年第 17 期。

4. 生态产品价值实现的理论基础是什么？

生态产品价值实现聚焦生态系统服务转化为经济价值的过程，其理论基础主要来源于生态系统服务理论、外部性理论以及科斯定理和庇古税理论等。

（1）生态系统服务理论

生态系统服务理论包括生态系统服务（ES）、生态服务价值（PES）、生态产品总值（GEP）等。ES 是指人类能够从生态系统中获得的所有惠益，包括产品供给服务（如提供食物和水）、生态调节服务（如控制洪水和疾病）、生态文化服务（如精神、娱乐和文化收益）以及生命支持服务（如维持地球生命生存环境的养分循环）。PES 是指人类直接或间接地从生态系统中得到的利益，主要包括生态系统向经济社会系统输入有用的物质和能量、接受和转化来自经济社会系统的废弃物，以及直接向人类社会成员提供服务（如人们普遍享用的洁净空气、水等舒适性资源）。GEP 是指生态系统为人类提供的产品和服务的经济价值总量，即一定区域的生态系统为人类和经济社会可持续发展提供的最终产品与服务价值的总和（即 ES 扣除生态支持服务货币价值），是用于衡量自然系统发展状况的指标。区别于绿色 GDP 服务于经济总量，GEP服务于生态系统总值，脱离于作为存量的生态资产（EA），并以流量的形式衡量生态系统的变化条件，具有为GDP粗放发展勒上“缰绳”以及与GDP协调并行的功能。GEP核算是对传统GDP核算缺陷的重要补充，是打通“两山”转化通道的基础性工作。2021年，联合国统计司已将GEP纳入最新的国际统计标准《环境经济核算体系—生态系统核算》（SEEA-EA）中。

（2）外部性理论

公共产品和公共资源都具有非排他性，但公共产品是非竞争性的，公共资源则具有竞争性。从竞争性的角度看，生态系统服务中的生态调节服务和生命支持服务往往属于公共产品；物质产品供给服务、生态文化服务往往是公共资源。无论是公共产品还是公共资源都具有外部性。从一定角度上讲，生态产品价值就是一种外部经济，是生态系统向人类社会提供的正向外部经济。生态产品的外部性会带来以下两个问题：一是公共产品的非排他性和非竞争性会带来“搭便车”问题，导致公共产品供给不足。二是公共资源的非排他性和竞争性会带来公共资源的过度利用，导致资源损耗、环境污染、生态退化等负外部性（外部不经济）。因此，生态产品的外部经济是动态变化的，如果处置不当，就有可能造成负面影响。一般来说，为了克服公共产品和公共资源的外部性带来的问题，需要引入公共治理。公共治理的手段主要包括：政府提供公共产品，对公共资源的利用实行一定的规制，也就是外部成本内部化。就生态产品价值实现而言，公共治理的任务是既要防止公共资源过度利用带来的负外部性，又要防止“搭便车”导致的公共产品供给不足。公共治理的重点领域主要有：生态基础设施建设投入、生态产品经营的发展规划、生态资源利用的统筹协调和规制管理等。

（3）科斯定理和庇古税理论

科斯定理是指在某些条件下，经济的外部性或者说非效率可以通过当事人的谈判而得到纠正，从而达到社会效益最大化。具体来说，只要财产权是明确的，并且交易成本为零或者很小，那么无论在开始时将财产权赋予谁，市场均衡的最终结果都是有效率的，从而实现资源配置的帕累托最优。科斯定理强调了市场机制在资源配置中的作用，认为在没有交易成本的情况下，市场可以自动调整资源的配置，使其达到最优状态。这一理论为经济学提供了一种新的思考方式，强调了市场机制的重要性，同时也为解决外部性问题提供了一种新的思路。庇古税理论主张通过征税来纠正外部性问题，使私人成本接近社会成本，从而实现资源的最优配置。在生态环境保护中，政府可通过设定生态产品的总量控制目标，对超过标准的环境损害行为征收庇古税，促使企业或个人减少对生态的破坏，同时利用转移支付投资生态修复和补偿项目，实现生态占补平衡。这种机制不仅能够有效抑制环境污染和生态破坏，还能促进生态产品价值市场化实现，激励生态保护行为，形成良性循环，最终实现生态高水平保护和经济高质量发展。

5. 生态产品价值实现的发展历程是什么？

生态产品价值实现大致经历过理论发源阶段（1995—2009年）、起步探索与实践探索阶段（2010—2020年）和加快推进阶段（2021年至今）等三个阶段。

（1）理论发源阶段（1995—2009年）

这一阶段有两个里程碑事件。一个是生态系统服务概念的提出与推广。20世纪90年代，生态学家开始认识到生态系统服务功能对地球生命系统的支持作用和对人类生存与发展的支撑作用。1997年，《自然服务：社会对自然生态系统的依赖》一书出版，由美国科学家戴利（Daily）等人撰写，提出生态系统服务主要包括调节气候、净化空气、维护生物多样性、减少自然灾害、分解废弃物、控制病虫害、维持物质循环等方面。1997年，美国生态经济学家科斯坦萨（Costanza）等人在《自然》上发表了文章《世界生态系统服务和自然资本的价值》，首次以货币化形式估算了全球生态系统服务的经济价值。他们的著作和文章在科学意义上明确了生态系统服务价值估算的理论原理及估算方法，随后被系统引入我国。相关研究为我国生态产品价值实现的理论发展提供了科学支撑。另一个是“绿水青山就是金山银山”科学论断的提出。2005年，时任浙江省委书记的习近平同志在安吉县余村考察时首次提出该论断，强调“过去我们讲既要绿水青山，又要金山银山，其实绿水青山就是金山银山，本身，它有含金量”①，为我们指明了绿水青山既是自然财富，也是社会财富、经济财富。2006年，习近平同志在中国人民大学演讲，系统阐述了“绿水青山就是金山银山”的理念，指出“在实践中对绿水青山和金山银山这‘两座山’之间关系的认识经过了三个阶段：第一个阶段是用绿水青山去换金山银山，不考虑或者很少考虑环境的承载能力，一味索取资源。第二个阶段是既要金山银山，但是也要保住绿水青山，这时候经济发展和资源匮乏、环境恶化之间的矛盾开始凸显出来，人们意识到环境是我们生存发展的根本，要留得青山在，才能有柴烧。第三个阶段是认识到绿水青山可以源源不断地带来金山银山，绿水青山本身就是金山银山，我们种的常青树就是摇钱树，生态优势变成经济优势，形成了浑然一体、和谐统一的关系，这一阶段是一种更高的境界”②。这一论断的提出，为我国生态产品价值实现奠定了生态经济理论基础。

（2）起步探索与实践探索阶段（2010—2020年）

这一阶段有两个里程碑事件。一个是生态产品进入政策文件。

① 本书编写组:《干在实处　勇立潮头——习近平浙江足迹》，浙江人民出版社、人民出版社，2022。

②《习近平擘画“绿水青山就是金山银山”：划定生态红线　推动绿色发展》，人民网－中国共产党新闻网，2017年6月5日。

2010 年,《国务院关于印发全国主体功能区规划的通知》(国发〔2010〕46 号)把“保护生态产品生产力”作为限制开发区的开发理念，并提出“生态产品指维系生态安全、保障生态调节功能、提供良好人居环境的自然要素，包括清新的空气、清洁的水源和宜人的气候等。生态产品同农产品、工业品和服务产品一样，都是人类生存发展所必需的”“一些国家或地区对生态功能区的‘生态补偿’，实质是政府代表人民购买这类地区提供的生态产品”。2012 年，党的十八大报告明确提出“要实施重大生态修复工程，增强生态产品生产能力”。随后,《关于加强国家重点生态功能区环境保护和管理的意见》《中共中央关于制定国民经济和社会发展第十三个五年规划的建议》等文件均对生态产品相关工作提出了明确的要求。需要特别提到的是，在此期间，中国科学院欧阳志云团队在系统研究区域生态系统服务的内涵与评价方法的基础上，于 2013 年开创性地提出了国内 GEP 的核算思路与核算框架[①]，为我国开展生态产品价值评估奠定了坚实基础。另一个是生态产品价值实现机制开启实践。2017 年 10 月，中共中央、国务院在《关于完善主体功能区战略和制度的若干意见》(中发〔2017〕27 号)中，明确提出“科学评估生态产品价值，培育生态产品交易市场”“选择浙江、江西、贵州、青海等省份具备条件的地区，开展生态产品价值实现机制试点”。2018 年，习近平总书记在第二次

---

① 欧阳志云、朱春全、杨广斌等:《生态系统生产总值核算：概念、核算方法与案例研究》,《生态学报》2013 年第 21 期。

长江经济带发展座谈会上明确要求“要积极探索推广绿水青山转化为金山银山的路径，选择具备条件的地区开展生态产品价值实现机制试点，探索政府主导、企业和社会各界参与、市场化运作、可持续的生态产品价值实现路径”[①]。这为我国开启生态产品价值实现机制实践指明了奋斗方向。此后，国家发展改革委于2019年先后将浙江丽水、江西抚州两地作为探索建立健全生态产品价值实现机制的试点。浙江和江西两省分别于2019年3月和12月印发了《浙江（丽水）生态产品价值实现机制试点方案》和《抚州市生态产品价值实现机制试点方案》，两个试点方案明确要在价值核算评估、市场交易、产业路径、质量认证、支撑体系等方面开展重点攻关。在这期间，国家分别于2016年、2017年、2019年对福建、贵州、海南等三个国家生态文明试验区提出明确要求，把生态产品价值实现作为重点任务予以推进。在上述国家试点的引领下，全国生态产品价值实现机制探索渐次在各省、自治区、直辖市展开。

（3）加快推进阶段（2021年至今）

这个阶段最重要的里程碑是2021年4月，中共中央办公厅、国务院办公厅印发了《关于建立健全生态产品价值实现机制的意见》（中办发〔2021〕24号，以下简称《意见》）。《意见》在遵守培育经济高质量发展新动力、塑造城乡区域协调发展新格局、引

① 习近平：《在深入推动长江经济带发展座谈会上的讲话》，《求是》2019年第17期。

领保护修复生态环境新风尚、打造人与自然和谐共生新方案等四个方面战略取向的基础上，聚焦生态产品“难度量、难抵押、难交易、难变现”等“四难”问题，通过建立健全生态产品调查监测机制、生态产品价值评价机制、生态产品经营开发机制、生态产品保护补偿机制、生态产品价值实现保障机制、生态产品价值实现推进机制等六大机制，加快完善政府主导、企业和社会各界参与、市场化运作、可持续的生态产品价值实现路径，着力构建绿水青山转化为金山银山的政策制度体系，推动形成具有中国特色的生态文明建设新模式。《意见》的发布和实施，为全国各地探索建立健全生态产品价值实现机制指明了方向，也标志着生态产品价值实现探索在全国范围内逐渐铺开和深化。比如，2022年浙江首次将生态产品价值实现相关工作纳入《浙江省生态环境保护条例》，标志着生态产品价值实现工作正式进入法治化阶段，进一步提升了政策效力和影响力。

6. 什么是“三资”？它们之间的区别和联系是什么？

首先，要明确“资源、资产、资本”是三个相互关联但有所不同的概念。“资源”最初是指能够满足人类某种特定需要的自然物。“资产”则是指具有稀缺性和明确归属并可以带来利益的资源，强调对资源的使用和占有，并界定了权利关系。“资本”是指能够实现增值并且转化为经济效益的资产，强调的是增值属性。

其次，针对生态领域，生态资源是指生态系统经过长期历史积累形成的具有生物生产功能、可用于发展生态经济的自然资源，强调的是自然属性。生态资产是指具有明确所有权且在一定技术经济条件下能够给所有者带来效益的稀缺生态资源，强调的是经济学属性。生态资产资本化则是指具备明晰产权的生态资源完成资产化后，生态资产产权拥有者将生态资产用来抵押、出租、转让、置换或者作为股份进行投资的过程，实现生态资产的保值和增值。

再次，从“资源—资产—资本”的角度看，生态资源资本化是生态资源价值实现的重要途径与表现形式。生态资源资产化、生态资产资本化、生态服务货币化三个阶段的演化路径、边界联系如图 1-1 所示。

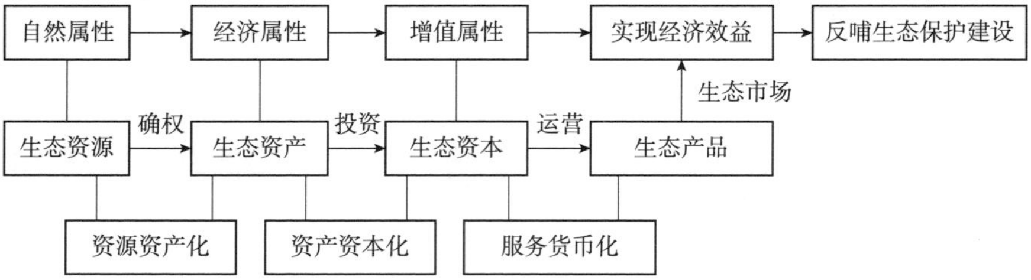

图1-1　生态资源—资产—资本演化路径图

资料来源：作者绘制。

生态资源转变为生态资产的关键是生态资源确权。因此，只有建立以产权约束为基础的生态资源管理体制，逐步从实物形态的资源管理转化为价值形态的资产管理，才能实现生态资源资产化。生态资产资本化的实质是生态资产产权的市场化配置。因此，建立健全生态资产产权交易市场是生态资产转变为生态资本的关键和保障。

7. 生态保护补偿与生态产品价值实现有什么关系?

生态保护补偿是指通过财政纵向补偿、地区间横向补偿、市场机制补偿等途径,对按照规定或者约定开展生态保护的单位和个人予以补偿的激励性措施。生态保护补偿可以采取资金补偿、对口协作、产业转移、人才培训、共建园区、购买生态产品和服务等多种补偿方式。

财政纵向补偿是指国家通过财政转移支付等方式,对开展重要生态环境要素保护的单位和个人,以及在依法划定的重点生态功能区、生态保护红线、自然保护地等生态功能重要区域开展生态保护的单位和个人予以补偿。其中,具体的补偿范围、补偿方式应当统筹考虑地区经济社会发展水平、财政承受能力、生态保护成效等因素。

地区间横向补偿是指生态受益地区与生态保护地区人民政府通过协商等方式开展生态保护补偿。具体方式应当综合考虑相关地区生态保护现状、生态保护成本、生态保护成效以及地区经济社会发展水平、财政承受能力等因素。其中生态保护补偿资金应当用于本地区自然资源保护、生态环境治理和修复、经济社会发展和民生改善等。

市场机制补偿是指发挥市场机制作用，鼓励企业、公益组织等社会力量以及地方人民政府按照市场规则，通过购买生态产品和服务等方式开展生态保护补偿，主要包括：通过市场推动碳排放权、排污权、用水权、碳汇权益等交易；鼓励、支持生态保护与生态产业发展有机融合，在保障生态效益前提下推动生态优势转化为产业优势；鼓励、引导社会资金建立市场化运作的生态保护补偿基金，依法有序参与生态保护补偿。

生态保护补偿和生态产品价值实现的关系是，生态保护补偿是生态产品价值实现的重要方式，也是促进生态产品供需平衡的有效手段。生态保护补偿可以降低生态产品供给者的机会成本，提升他们的收入水平，增强其生态产品供给动力，从而提高生态产品的数量和质量。同时，生态保护补偿也可以让生态产品受益者承担一定的成本，体现生态产品的价值和稀缺性，从而促进对生态产品的合理利用和保护。

8. 生态产品价值实现有哪些难点?

生态产品价值实现需要通过相应政策制度体系的构建，在“算出来、转出去、可持续”中实现受益者付费、保护者获益。《意见》中提出了建立健全生态产品价值实现机制的“四梁八柱”，着重解决当前实践中存在的“难度量、难抵押、难交易、难变现”等问题。

生态产品难度量是指生态产品价值在技术上难以充分、准确地衡量。主要体现在以下几个方面：首先，生态产品价值的度量面临技术上的挑战。生态产品的价值需要根据其质量、供求关系和生态保护成本等因素来形成价格，但这需要价值核算结果的可重复性和可比性，以及技术体系在不同地区的可推广性。然而，当前的价值核算体系不统一，指标体系不全面、不准确、不统一，评估方法不完善，调查方法待健全，导致同一生态系统评估结果不一致，不同类型的生态系统价值评估难以对比，结果难以令人信服，无法真正提供决策参考。其次，生态产品价值的度量缺乏制度和机制层面的保障。有效的度量需要建立核算体系、制定核算规范、推动核算结果应用，这些工作需要多元主体之间的数据共享和持续更新。然而，目前我们在这些方面还处于起步探索阶段，存在一些不足，导致生态产品价值难以准确度量。

生态产品难抵押是指生态产品由于其特殊性质，往往具有不可分割性、非标性；由于权属难以界定，影响其流动性和可变现性，难以直接作为银行信贷的抵押品。主要包括以下几个方面：首先，山水林田湖草沙是一个“生命共同体”，具有不可分割的特点，难以单独量化其价值；其次，如上所述，生态产品的价值核算涉及多个指标和复杂的体系，相关部门业务不熟练，导致价值核算难以推进，进一步增加了抵押的难度；最后，现有的市场化机制不够完善，导致生态产品的价值难以在市场上得到充分体现。

生态产品难交易是指生态产品的市场化交易难以实现，缺乏完善的市场体系和规则，难以形成合理的价格机制和供需对接，影响生态产品的价值转化和分配。主要包括以下几个方面：首先，生态产品市场交易平台少且功能有限。除北京绿色交易所、上海环境能源交易所、国家绿色技术交易中心（杭州）等国家级平台外，其他多数生态产品交易平台都具有显著的地方性、区域性特征，生态产品交易种类较少、覆盖面窄，难以突破地理局限以实现更大范围生态产品的供需精准对接。其次，生态产品市场交易主体发育不足。生态资源具有典型的系统性和整体性特征，体现为产权边界的模糊性以及产权界定不明晰等，导致生态产品市场主体发育不足，受益主体难以明晰，弱化了市场主体的参与积极性，也加剧了生态产品价值转化收益的分配不均衡。最后，生态产品交易效率有待提升。地区性的生态资源权益交易平台或者专门性的生态产品交易平台仍面临数字技术赋能不足、交易效率不高、交易系统不稳定等问题，平台在实现生态产品的供需精准对接方面还有待完善。

生态产品难变现是指生态产品的经济效益难以体现，缺乏有效的变现途径和模式，难以将生态产品的内在价值转化为外在收益，影响生态产品的开发利用和可持续性。主要包括以下几个方面：首先，生态经营性产品在生产、流通、分配、消费等环节面临基础设施配套建设不足、人才支撑乏力、产品同质化、特色消费场景少等问题，生态标识、碳标识、绿色标识应用不足，市场化机制不健全，制约了生态产品的溢价与品牌的培育和打造。其次，生态公共产品变现渠道单一且存在资金管理问题。一方面，生态保护补偿虽然是生态公共产品价值实现的关键渠道，但主要依赖纵向财政转移支付，横向补偿偏少，资金来源渠道较为单一；另一方面，生态环境损害赔偿改革成效尚不显著，生态环境损害赔偿诉讼案件和司法确认案件数量总体偏少，而且生态环境修复资金的管理和使用制度还不完善，生态环境保护者受益、使用者付费、破坏者赔偿的利益导向机制还有待健全。最后，生态资产权益交易变现渠道有待拓展。各类生态资产权益交易处于从试点和前期试验探索阶段转向纵深推进阶段，碳排放权、排污权、用水权、用能权、碳汇、绿化率指标等生态资产权益交易体系尚不成熟，实施路径仍不完善。如碳汇交易，目前我国碳汇项目依然以造林项目为主导，海洋、耕地、草地、湿地等碳汇类型尚未进入市场交易环节，碳汇交易项目类别单一，总体还处于起步探索阶段。

意义篇

9. 为什么要开展生态产品价值实现工作？

2018 年 5 月 18 日至 19 日，全国生态环境保护大会在北京召开，中共中央总书记、国家主席、中央军委主席习近平出席会议并发表重要讲话。习近平指出，“总体上看，我国生态环境质量持续好转，出现了稳中向好趋势，但成效并不稳固。生态文明建设正处于压力叠加、负重前行的关键期，已进入提供更多优质生态产品以满足人民日益增长的优美生态环境需要的攻坚期，也到了有条件有能力解决生态环境突出问题的窗口期”[①]。总书记的讲话为我们理解当前开展生态产品价值实现工作指明了方向。

俗话说，在什么阶段干什么事。为什么要开展生态产品价值实现工作？直白地说，我们到了这么一个发展阶段，随着新发展理念的贯彻落实，叠加土地、资金、人才等产业要素的内外部新变化，以及新科技、新模式等带来的影响，我们需要通过开展生态产品价值实现工作，不断挖掘绿水青山蕴含的经济价值，发展“两山”转化的新质生产力，去推动经济社会发展全面绿色转型，实现更高质量的发展。

① 《习近平出席全国生态环境保护大会并发表重要讲话》，中国政府网，2018 年 5 月 19 日。

往大了说，事物的性质主要是由矛盾的主要方面所决定的。从这个角度看，之所以要开展生态产品价值实现工作，是因为社会主要矛盾的变化。党的十九大报告指出："我国社会主要矛盾已经转化为人民日益增长的美好生活需要和不平衡不充分的发展之间的矛盾。"[①] 这要求我们在推进人与自然和谐共生的中国式现代化的过程中，既要创造更多物质财富和精神财富以满足人民日益增长的美好生活需要，也要提供更多优质生态产品以满足人民日益增长的优美生态环境需要。所以，到了当前这个时期，面对这样一个发展阶段和发展需求的转变，需要推动生态产品价值实现，持续发展生态经济，提供更多优质生态产品，从而化解这个主要矛盾。

往小了说，我们也能明显感受到，随着生态文明建设的深入推进，不管在乡村还是在城市，生态环境都在逐步好转。同时，大家的收入、消费能力较之以往已有不小提升，我们也愿意消费优质生态产品。因此，面对生态产品新的供需关系，生态产品价值实现工作就有了很好的市场基础，应当做，也能做好。以浙江为例，浙江拥有"七山一水两分田"的自然资源条件，属于资源小省，高消耗、高污染的粗放型发展方式不可持续。习近平同志到浙江工作之后，提出了一系列绿色发展理念。在这些理念的指引下，浙江深入推进生态文明建设，开展了生态省建设、"千村示

---

①《习近平：决胜全面建成小康社会　夺取新时代中国特色社会主义伟大胜利——在中国共产党第十九次全国代表大会上的报告》，新华网，2017 年 10 月 27 日。

范、万村整治”工程、“五水共治”、美丽浙江和大花园建设等，沉淀了丰富的生态资源，生态经济也逐渐成为浙江的特色经济形态。进入新发展阶段，如何高质量发展、如何把生态优势更好地转化为经济优势就成了摆在面前的发展课题，因此，我们应当顺势而为地开展生态产品价值实现工作。

10. 生态产品价值实现工作和共同富裕有什么关系？

我国的生态资源和生态产品主要分布在乡村、山区等生态优势突出的地区。在很长一段时间里，由于交通不便、老百姓消费能力普遍不高等，这些生态资源禀赋突出、生态优势明显的地区，往往也是经济社会发展相对较慢的地区，这在一定程度上呈现出生态产品的生产与消费在空间上的错配现象。习近平总书记指出，“促进共同富裕，最艰巨最繁重的任务仍然在农村”[①]。因此，我们要深刻理解生态产品价值实现工作与乡村的关系，进而通过生态产品价值实现促进生态富民惠民，缩小“三大差距”。

进入新的发展阶段，随着社会主要矛盾的变化，尤其是脱贫攻坚战的胜利，交通等基础设施建设、居民生活观念与消费水平、科技与数字化赋能等方面的条件已更加成熟。乡村、山区等生态优势明显的地区，具备了更为充分的内外部条件，可以将生态优势转化为经济增长的新动能。因此，良好的生态环境要像劳动力、土地、资本、技术等生产要素一样，成为现代产业体系的核心要素。通过推动生态产品价值实现，提升生态资源的质量、加大开

---

① 习近平：《扎实推动共同富裕》，《求是》2021 年第 20 期。

发经营力度，积极发展生态农业、生态工业、生态旅游等生态产业，切实增加当地居民收入，稳步推进共同富裕。

由此可见，生态产品价值实现工作是推动共同富裕的重要举措，共同富裕是开展生态产品价值实现工作的最终目标，两者密不可分。

11. 生态产品价值实现工作和乡村振兴有什么关系?

国家对乡村振兴工作提出过二十字的总要求，即“产业兴旺、生态宜居、乡风文明、治理有效、生活富裕”[①]，与生态产品价值实现密切相关。下面我们做分析、说明。

在产业兴旺和生活富裕方面，加快发展农业新质生产力，促进现代化农业产业体系健全，盘活农村闲置资源资产，增加农民财产性收入是推动乡村振兴的关键。生态优势是很多乡村地区的主要资源优势和发展优势。通过开展生态产品价值实现工作，利用好乡村在生态资源方面的比较优势，因地制宜发展生态农业、生态工业、生态旅居业等产业，提供更多优质的特色生态产品，推动生态产品市场的供需有效对接，可以带动农民就近就地致富。

在生态宜居方面，通常乡村拥有较好的生态底子，也有丰富的山水林田湖草等生态资源要素。通过开展生态产品价值实现工作，积极推进生态环境保护和治理，可以持续巩固优质生态产品的供给能力，这既能保障生态优势转化为经济新动能的可持续性，也能改善农村的村容村貌，提供更加宜居的生态环境。

---

①《中共中央　国务院关于实施乡村振兴战略的意见》，中国政府网，2018 年 2 月 4 日。

在乡风文明和治理有效方面，生态产品价值实现工作能带动生态产业的发展、农民收入的增加、生活环境的改善，并进一步让大家真正认识到绿水青山可以源源不断地带来金山银山，引导大家完成从“要我保护”到“我要保护”的根本转变，提升保护修复生态环境的思想自觉和行动自觉。同时，生态产品价值实现工作也会推动大家更加自觉地营造新的文明乡风，巩固村庄治理的成效。

因此，生态产品价值实现工作与乡村振兴是相辅相成、互相支撑的。生态产品价值实现工作是实现乡村振兴的重要举措，乡村振兴是开展生态产品价值实现工作的重要目标，两者密不可分。

12. 生态产品价值实现工作和生态环境保护治理有什么关系?

有个成语叫“竭泽而渔”，字面意思是抽干池水来捉鱼，在日常语境中多用来形容那些为了短期利益而牺牲长期利益的行为。我们常会看到一些说法，告诫人们面对自然资源时不要竭泽而渔，要谋求可持续发展。这个道理对生态产品价值实现工作也适用。生态产品是由自然生态系统和部分人工生态系统共同提供的产品，这里的生态产品就如上述成语中被过度捕捞的鱼一样。如果没有健康的生态系统，那么生态系统就会面临“竭泽”状况，没有良好的生态环境，也就难以获得优质的生态产品。

说清楚了这个事情，生态产品价值实现工作和生态环境保护治理的关系也就不言而喻了，即生态环境保护治理是生态产品价值实现的重要前提和基础。没有好的生态环境，就难以稳定、持续地获取优质的生态产品，更谈不上通过挖掘生态产品的价值带来持续、稳定的增收。与此同时，若能有效实现生态产品价值，会让大家意识到绿水青山具有很高的经济价值，也会反过来促进大家保护、治理生态环境。

因此，生态产品价值实现工作与生态环境保护治理相辅相成，互相促进。

13. 生态产品价值实现和老百姓的日常生活有什么关系?

生态产品价值实现是政府相关部门的一项常规工作，似乎和老百姓的日常生活关联不大，但其实这部分工作和我们大家的日常生活息息相关。可以举几个例子来说明我们的日常生活和生态产品价值实现的关系。

比如，我们平时食用的粮食、蔬菜、水果等农产品都属于生态产品。不管是自家地里种的菜、养的鸡，还是在春天采到的香椿、在夏天从河里摸到的螃蟹、在秋天摘到的野核桃、在冬天从竹林里挖到的冬笋，都属于生态产品。我们购买这些生态产品，也是推动生态产品价值得到实现的常见方式。

又比如，我们平时在街心公园、沿河步道散步，节假日去爬山、露营、休闲等，这些都是我们在享用大自然提供的生态产品。也就是说，我们身处在森林、草原、河流、湖泊、沙漠等生态系统中，看到的美景，听到的鸟鸣、虫叫，闻到的花香、草木香，感受到的风吹过的凉爽、水流过的清凉，这些都是生态产品。同时，这些生态产品带给我们愉悦的体验、灵感，就是生态产品的价值实现。就连现在大家说的“公园20分钟效应”，也都是生态产品价值的一种体现和实现方式。

再比如，我们平日主动维护身边的生态环境，不破坏生态环境，这就是在保障生态系统提供生态产品的能力，为生态产品价值实现打好基础，做出贡献。

因此，在日常生活中，我们既是生态产品的消费者，也是生态产品的保护者、经营者，我们的日常生活和生态产品价值实现息息相关。

14. 生态产品价值实现的战略导向是什么?

为什么关注这么宏观的问题?因为思考这个问题既可以让我们更全面地理解生态产品价值实现的内涵,更好地体会“绿水青山就是金山银山”的理念,还能从中获取和我们自身生活工作相关的一些政策支持方向,发现一些新的机遇。《意见》提出了四个方面的战略导向,国家发展改革委对此做了详细解读,我们摘录如下。同时,增补一些具体案例,供大家更充分地理解这四个方面的战略导向。

(1)培育经济高质量发展新动力

积极提供更多优质生态产品满足人民日益增长的优美生态环境需要,深化生态产品供给侧结构性改革,不断丰富生态产品价值实现路径,培育绿色转型发展的新业态、新模式,让良好生态环境成为经济社会持续健康发展的有力支撑。

(2)塑造城乡区域协调发展新格局

精准对接、更好满足人民差异化的美好生活需要,带动广大农村地区发挥生态优势就地就近致富、形成良性发展机制,让提供生态产品的地区和提供农产品、工业产品、服务产品的地区同步基本实现现代化，人民群众享有基本相当的生活水平。

（3）引领保护修复生态环境新风尚

建立生态环境保护者受益、使用者付费、破坏者赔偿的利益导向机制，让各方真正认识到“绿水青山就是金山银山”，倒逼、引导形成以绿色为底色的经济发展方式和经济结构，激励各地提升生态产品供给能力和水平，营造各方共同参与生态环境保护修复的良好氛围，提升保护修复生态环境的思想自觉和行动自觉。

（4）打造人与自然和谐共生新方案

通过体制机制改革创新，率先走出一条生态环境保护和经济发展相互促进、相得益彰的中国式道路，更好彰显我国作为全球生态文明建设重要参与者、贡献者、引领者的大国责任担当，为构建人类命运共同体、解决全球性环境问题提供中国智慧和中国方案。

15. 为什么说通过开展生态产品价值实现工作，可以培育经济高质量发展新动力？

从上一条问答中我们可以了解到，《意见》提出的生态产品价值实现战略导向，第一条就是培育经济高质量发展新动力。让我们先学习什么是高质量发展。

党的十九大报告指出，我国经济已由高速增长阶段转向高质量发展阶段，正处在转变发展方式、优化经济结构、转换增长动力的攻关期，建设现代化经济体系是跨越关口的迫切要求和我国发展的战略目标。2017 年 12 月，习近平总书记在中央经济工作会议上强调，“我国正处于转变发展方式的关键阶段，劳动力成本上升、资源环境约束增大、粗放的发展方式难以为继，经济循环不畅问题十分突出。同时，世界新一轮科技革命和产业变革方兴未艾、多点突破。我们必须推动高质量发展，以适应科技新变化、人民新需要，形成优质高效多样化的供给体系，提供更多优质产品和服务。这样，供求才能在新的水平上实现均衡，我国经济才能持续健康发展”[①]。高质量发展，就是能够很好满足人民日益增长的美好生活需要的发展，是体现新发展理念的发展，是创

---

① 习近平：《开创我国高质量发展新局面》，《求是》2024 年第 12 期。

新成为第一动力、协调成为内生特点、绿色成为普遍形态、开放成为必由之路、共享成为根本目的的发展。2021 年 3 月，习近平总书记在参加十三届全国人大四次会议青海代表团审议时强调，“要始终把最广大人民根本利益放在心上，坚定不移增进民生福祉，把高质量发展同满足人民美好生活需要紧密结合起来，推动坚持生态优先、推动高质量发展、创造高品质生活有机结合、相得益彰”[①]。

由此可见，积极推动生态产品价值实现工作，就要坚持生态优先，适应人民群众对优美生态环境日益增长的需求，提供更多优质的生态产品和服务，这本身就是高质量发展的内在要求，也是对高质量发展的具体实践。生态本身就是一种经济，把生态环境优势转化为生态农业、生态工业、生态旅游等生态经济优势，绿水青山也就变成了金山银山。通过推进生态产品价值实现工作，可以不断丰富生态产品价值实现路径，因地制宜培育绿色转型发展的新业态新模式，从而让良好生态环境成为经济社会持续健康发展的有力支撑。比如，浙江省衢州市常山县立足胡柚种植传统，结合技术、管理等创新，成功打造集生产、加工、品牌、销售于一体的全产业链式发展模式，推出“宋柚汁”等市场“爆款”产品，实现年产值 35 亿元以上。又如，浙江省丽水市龙泉市依托清洁水源等生态优势，成功招引国镜药业，企业每年可节

① 《习近平在参加青海代表团审议时强调：坚定不移走高质量发展之路　坚定不移增进民生福祉》，中国政府网，2021 年 3 月 7 日。

约水净化成本 100 余万元，节省空气净化系统近 60% 的维护费用，降低 90% 的蒸汽成本。当前，我国经济已转向高质量发展阶段，以牺牲环境和过度依赖土地等资源要素投入的发展模式难以为继。建立健全生态产品价值实现机制，就是要在严格保护生态环境的前提下，实现良好生态环境蕴含的生态产品价值转化，形成经济发展新增长点，让生态成为促进经济发展的不竭动力。

16. 为什么说通过开展生态产品价值实现工作，可以塑造城乡区域协调发展新格局？

让我们先学习一下习近平总书记关于区域协调发展的重要论述。2016年1月，习近平总书记在推动长江经济带发展座谈会上强调，“长江是中华民族的母亲河，也是中华民族发展的重要支撑。推动长江经济带发展必须从中华民族长远利益考虑，走生态优先、绿色发展之路，使绿水青山产生巨大生态效益、经济效益、社会效益，使母亲河永葆生机活力”[①]。2019年8月，习近平总书记在中央财经委员会第五次会议上指出，“新形势下促进区域协调发展，要按照客观经济规律调整完善区域政策体系，发挥各地区比较优势，促进各类要素合理流动和高效集聚，增强创新发展动力，加快构建高质量发展的动力系统，增强中心城市和城市群等经济发展优势区域的经济和人口承载能力，增强其他地区在保障粮食安全、生态安全、边疆安全等方面的功能”[②]。同时，习近平总书记强调要“发挥比较优势。经济发展条件好的地区要承载更多产业和人口，发挥价值创造作用。生态功能强的地区要得到有

①《习近平在推动长江经济带发展座谈会上强调　走生态优先绿色发展之路　让中华民族母亲河永葆生机活力》，中国政府网，2016年1月7日。

②《习近平主持召开中央财经委员会第五次会议》，中国政府网，2019年8月26日。

效保护，创造更多生态产品。要考虑国家安全因素，增强边疆地区发展能力，使之有一定的人口和经济支撑，以促进民族团结和边疆稳定”[①]。

生态资源和生态产品主要分布在广大的乡村和山区，而且我国农村地区、贫困山区往往与重点生态功能区高度重合。在人民群众对优美生态环境的需求日益增长的今天，这些生态资源和生态产品正是乡村、山区等生态地区相较其他地区具有的主要优势，这些生态环境优势也有了越来越明显的生态经济发展优势。通过推进生态产品价值实现工作，可以充分考虑不同地区人民对美好生活需要的差异性和互补性，推动生态产品供需有效对接，带动农村人口就近就地致富，逐步缩小城乡区域间发展差距，塑造城乡区域发展新格局。

① 《习近平：推动形成优势互补高质量发展的区域经济布局》，中国政府网，2019 年 12 月 15 日。

17. 为什么说通过开展生态产品价值实现工作，可以引领保护修复生态环境新风尚？

习近平总书记指出，“环境就是民生，青山就是美丽，蓝天也是幸福。要像保护眼睛一样保护生态环境，像对待生命一样对待生态环境”[①]。党的十八大以来，我国生态文明建设取得显著成效，全方位、全地域、全过程加强生态环境保护，生态文明建设从认识到实践都发生了历史性、转折性、全局性的变化。尽管如此，我们仍需注意，生态环境没有替代品，用之不觉，失之难存。长期以来，由于生态保护者难以通过保护补偿、经营开发等获得合理回报，社会各界参与生态环境保护的积极性、主动性不足，政府往往成为单一保护主体，这也是建立长期、良性、可持续的生态环境保护修复体系所需要解决的问题。通过推进生态产品价值实现工作，可以持续挖掘绿水青山蕴藏的经济价值，让社会各界更真切地认识到“生态有价”这个朴素的理念。同时，在此基础上，也能逐步建立起生态环境保护者受益、使用者付费、破坏者赔偿的利益导向机制，用实际行动彰显“生态有价”，让社会各界持续提升保护修复生态环境的思想自觉和行动自觉。

---

①《让绿水青山造福人民泽被子孙——习近平总书记关于生态文明建设重要论述综述》，中国政府网，2021 年 6 月 3 日。

18. 为什么说通过开展生态产品价值实现工作，可以打造人与自然和谐共生新方案？

习近平总书记强调，“要积极推动全球可持续发展，秉持人类命运共同体理念，积极参与全球环境治理，为全球提供更多公共产品，展现我国负责任大国形象”①。协同推进经济发展和生态环境保护是全人类的共同命题和现实难题。我国作为全球生态文明建设重要参与者、贡献者、引领者，应当走在前、做表率，发挥更加积极有效的作用。这既是办好我们自己的事情，又可为发展中国家改变传统发展路径提供全新选择，为解决全球环境问题贡献中国智慧、中国方案。通过推进生态产品价值实现工作，更充分地发挥我国集中力量办大事的制度优势，因地制宜形成更多政府主导、企业和社会各界参与、市场化运作、可持续的“两山”转化模式，率先走出一条生态环境保护与经济发展相互促进、相得益彰的中国道路，为构建人类命运共同体、解决全球性环境问题提供中国智慧和中国方案。

---

①《习近平主持中央政治局第二十九次集体学习并讲话》，中国政府网，2021 年 5 月 1 日。

核算篇

19. 什么是GEP？

环顾周围的环境，我们不难发现，以森林、草地、湿地、农田、海洋等生态系统为代表的“绿水青山”，不仅为人类生活和生产提供了食物、医药、木材、生态能源和原材料等必需的物质产品，还在调节气候、涵养水源、调蓄洪水、净化环境、防风固沙等方面发挥了重要作用。同时，这些生态系统对提升人们的生活质量、促进精神健康也有着积极影响。为了衡量生态系统对经济社会可持续发展和人类福祉的贡献，推动经济社会高质量发展和生态环境高水平保护协同并进，我国学者创新提出了“生态产品总值”（Gross Ecosystem Product，GEP）这一综合性评估指标[①]。

根据国家相关文件[②]规定，GEP是指一定行政区域内各类生态系统在核算期内提供的所有生态产品的货币价值之和，其核算周期通常为1年，即从每年的1月1日至12月31日。具体到GEP包含的内容，主要是自然生态系统及其与人工生态系统共同

---

① 欧阳志云、朱春全、杨广斌等：《生态系统生产总值核算：概念、核算方法与案例研究》，《生态学报》2013年第21期。

② 国家发展改革委、国家统计局：《生态产品总值核算规范（试行）》，2022年3月26日。

作用提供的物质供给、调节服务和文化服务。物质供给是指生态系统为人类提供并被使用的物质产品，如粮食、油料、蔬菜、水果、木材、生物质能、水产品、中草药、牧草、花卉等产品。调节服务是指生态系统为维持或改善人类生存环境提供的惠益，如水源涵养、土壤保持、海岸带防护、洪水调蓄、空气净化、水质净化、固碳、局部气候调节、噪声消减等。文化服务是指生态系统为提高人类生活质量提供的非物质惠益，如生态旅游、精神享受、灵感激发、休闲娱乐和美学体验等。

20. 为什么要核算GEP?

开展 GEP 核算工作，不仅可以量化评估生态系统对人类福祉的贡献，还可以促进生态环境保护与经济发展的协调和平衡、定量评估生态环境保护的成效、引导政府和社会各界共同践行绿色发展理念[①]。

（1）量化评估生态系统对人类福祉的贡献

GEP 核算能够反映生态系统为人类提供的最终产品和服务的价值总和，包括物质供给、调节服务和文化服务价值，帮助我们更加深入地理解和评估生态系统对于经济社会可持续发展和人类福祉的贡献。

（2）促进生态环境保护与经济社会发展的协调和平衡

通过 GEP 核算，可以定量分析生态系统的产出对经济社会可持续发展和人类福祉的贡献，有助于形成经济发展和生态环境保护的平衡，促使政府不以破坏环境为代价发展经济，确保政府决策不偏离可持续发展道路，推动经济社会高质量发展。

---

① 欧阳志云:《GEP 核算，认与知》,《学习时报》2021 年 8 月 11 日。

（3）定量评估生态环境保护的成效

GEP 的增长、稳定或降低等变化，一方面反映了生态系统对经济社会发展支撑作用的变化趋势，另一方面也反映了生态系统服务在自然和人工共同作用下的变化。因此，GEP 可以作为评估生态保护成效、生态文明建设进展以及可持续发展水平与状况的重要指标之一。

（4）引导政府和社会各界共同践行绿色发展理念

通过 GEP 核算，将自然资本保护更好地纳入经济社会发展决策之中，引导社会各界更加牢固地树立“绿水青山就是金山银山”理念，推动形成绿色发展和生态保护的长效机制。

21. 怎么核算GEP？

生态产品总值核算的主要工作程序（见图 3-1）包括：根据核算目的，确定生态产品总值核算区域范围；明确区域内各类生态系统类型及分布；编制生态产品目录清单；确定核算模型方法与适用技术参数，并收集数据资料；开展各类生态产品实物量与价值量核算；计算区域内生态产品总值①。

（1）确定核算的区域范围

根据核算目的，确定生态产品总值核算的行政区域，如省、市、县、乡、村。一般以县级行政区为主。

（2）明确生态系统类型与分布

明确核算区域内的森林、草地、湿地、农田、荒漠、城市、海洋等生态系统类型、面积与分布，绘制生态系统空间分布图。

（3）编制生态产品目录清单

调查核算范围内的生态产品种类，编制生态产品目录清单。

---

① 国家发展改革委、国家统计局：《生态产品总值核算规范（试行）》，2022 年 3 月 26 日。

（4）收集数据资料

收集开展生态产品总值核算所需要的部门统计数据、调查监测资料、相关文献资料以及基础地理信息图件等，开展必要的实地观测调查，进行数据预处理以及参数本地化。

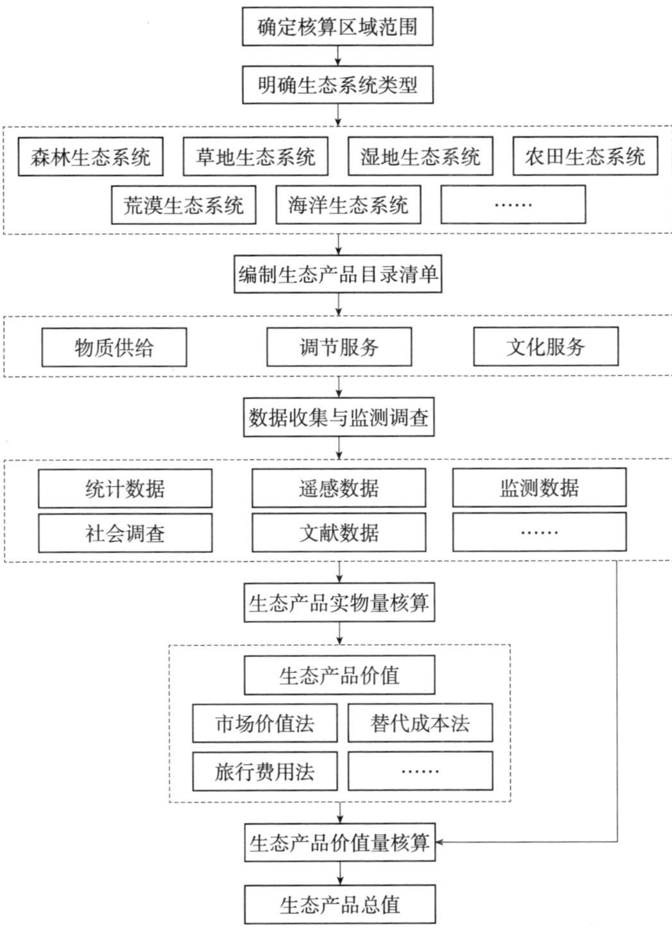

图3-1　GEP核算工作程序

资料来源：《生态产品总值核算规范（试行）》。

（5）开展生态产品实物量核算

根据确定的核算基准时间，选择科学合理、符合核算区域特点的实物量核算方法和技术参数，核算各类生态产品的实物量。

（6）开展生态产品价值量核算

根据生态产品实物量，运用土地租金法、残值法、市场价值法、替代成本法、旅行费用法等方法，核算各类生态产品的货币价值。

（7）计算生态产品总值

将核算区域范围内的各类生态产品价值加总，得到生态产品总值。

22. GEP和GDP、绿色GDP有什么关系？

GEP 和 GDP 之间既有差异又有联系，而 GEP 和绿色 GDP 是两个截然不同的核算指标，两者之间存在很大的差异。

（1）GEP和GDP的关系

20 世纪 80 年代，我国生态学者马世骏院士与王如松院士在国际上首先提出“人类社会与其赖以发展的生态环境构成经济–社会–自然复合生态系统”，得到国际社会的广泛认可。针对经济系统，自第二次世界大战以来，国际上一直以“国内生产总值”（Gross Domestic Product，GDP）为主要指标，衡量一个国家或地区在一定时期内生产和提供的最终产品和服务的总价值。为了评价社会发展水平，人们探索构建了国民幸福指数（National Happiness Index，NHI），以衡量一个国家或地区居民生活水平、社会公平性、发展机会等方面的状况。为了综合评价经济与社会发展状况，联合国从健康、教育和生活水平三个方面构建了“人类发展指数”（Human Development Index，HDI），以对一个国家或地区的经济社会发展的综合状况进行评价。对于生态系统，尚缺乏评估其为人类生存与发展提供支撑和福祉的综合性指标，导致人们对生态系统的价值认识不足，这也是长期以来生态系统得不到有效保护的根源。2013年，中国科学院生态环境研究中心与世界自然保护联盟的学者们共同提出了GEP概念[①]。

GEP和GDP之间既有差异又相互联系，它们共同构成了评价一个地区综合价值的重要体系。在实践中，需要充分考虑两者的关系，推动实现GEP和GDP的协调，促进经济社会的可持续发展。

第一，GEP与GDP的差异。一是概念定义、统计范围不同。GDP侧重于生产活动新创造的货币价值，主要是通过人类劳动新创造的价值；GEP是一定行政区域内生态系统在核算期内提供的所有生态产品的货币价值之和，主要是自然生态系统及其与人工生态系统共同作用产生的价值。根据GEP核算标准，两者范围重叠部分仅为生态农业、生态旅游等相关行业的增加值。例如，工厂规模化养殖鸡鸭，其产生的价值纳入GDP，但不纳入GEP；而林间散养的鸡鸭属于GEP中的物质供给，其产生的增加值则应纳入GEP和GDP。再如，完全人工搭建的且没有利用周围生态环境的游乐园，其产生的增加值纳入GDP，但不纳入GEP；而基于生态系统建设的景区等，其产生的旅游增加值则应纳入GEP和GDP。二是核算方法不同。GDP核算是根据企事业单位的市场交易结果，通过采用生产法、收入法和支出法，按照一定的统计学规律进行核算验证得到的，核算方法得到国际普遍认可，核算结果的公信力相对较强。而在GEP核算中，占比较大的调节服务

① 欧阳志云:《有了GDP，为什么还要引入GEP》,《光明日报》2021年4月8日。

实物量大多借助生物机理模型计算，而非实际测量得到，且价值量采用影子工程法、替代成本法等非市场交易的方法来确定。虽然其核算方法已被纳入联合国环境经济核算体系框架（System of Environmental-Economic Accounting，SEEA）①，但与 GDP 核算方法相比存在不足，目前还在不断完善中。

第二，GEP 与 GDP 的联系。一是互为补充。GEP 和 GDP 都是衡量某一行政区域价值总量的重要指标，但它们关注的对象和重点不同。GDP 主要关注某一行政区域内所有人类经济活动产生的增加值总和，而 GEP 则关注某一行政区域内生态系统为人类提供的各种最终生态产品的货币价值总和。前者评价的是人类经济活动的结果，后者评价的是生态系统对人类经济社会的贡献。由此可见，两者相互补充，共同构成科学评价某一行政区域经济社会发展质量和生态环境保护水平的指标体系，引导绿色政策制定，推动形成绿色、低碳、循环的生产生活方式，实现经济、社会、自然的协调发展。二是相互关联。虽然 GEP 和 GDP 在核算范围和计算方法上有所不同，但它们存在一定的关联。正如前文所述，GEP 和 GDP 核算的都是增加值，是流量，且在具体核算时，两者都核算了生态农业和生态旅游。只不过相对于 GDP 而言，GEP 核算的生态农业和生态旅游更加突出生态产品在生产中的要素作用，范围明显更窄。此外，过度依赖生态资源资产消费的粗放式 GDP

① 《联合国通过“环境经济统计与生态统计体系”全新统计框架，要求各国经济报告要让自然“发声”》，澎湃新闻，2021 年 3 月 15 日。

增长可能会对生态系统造成一定的压力，当这种压力超过生态系统的自身承受能力时，会带来生态系统数量和质量的下降，进而导致 GEP 下降，因此，在追求经济增长的同时，需要关注生态系统的保护。同时，GEP 增长可以为经济增长提供新的动力和机遇，比如良好的生态环境能够优化营商环境，更易吸引优秀人才和社会资本，促进生态产业等绿色产业发展，进而形成新质生产力；反之，则可能会影响经济发展环境，在一定程度上制约经济社会全面绿色转型的步伐。

（2）GEP和绿色GDP的关系

GEP 和绿色 GDP 是两个不同的核算指标，各自反映不同的生态和经济价值[①]。绿色 GDP 是在传统 GDP 基础上扣除资源成本和环境成本后的经济增量，反映了经济活动对资源和环境的影响程度。GEP 则主要考虑了生态系统为人类社会提供的物质产品和服务价值，更加全面地反映了生态系统为支撑地区可持续发展做出的贡献。这两个指标都和传统的 GDP 核算有着一定关联，通过纳入环境和生态因素更全面地认识和理解经济发展质量、经济发展对生态环境的影响以及生态环境对经济发展的影响。然而，在基本概念、核算内容、核算侧重点等具体层面上，GEP 和绿色 GDP 仍存在一些区别。

---

①《欧阳志云：GEP，为生态效益纳入经济社会发展评价体系提供方法》，中央民族大学中华民族生态文明智慧网，2021 年 4 月 22 日。

第一，基本概念的区别。GEP 是指一定行政区域内生态系统在核算期内提供的所有生态产品的货币价值之和，主要关注生态系统提供的生态产品与服务价值。绿色 GDP 是在 GDP 基础上扣除资源成本和环境成本后的经济增加值，主要关注经济活动中的资源利用效率和环境影响。

第二，核算内容的差异。GEP 的核算内容涵盖生态系统提供的所有生态产品的货币价值之和，包括物质供给价值、调节服务价值和文化服务价值。绿色 GDP 的核算内容则主要关注经济活动中扣除资源成本和环境成本后的经济增量。

第三，核算侧重点的不同。GEP 主要侧重于评估生态系统的整体价值和功能，强调生态系统对人类经济社会发展的重要作用，以及对生态保护的重要性。绿色 GDP 则更侧重于评估人类经济活动中的资源利用效率和环境影响，关注经济发展的生态环境成本。

尽管 GEP 和绿色 GDP 在基本概念、核算内容和核算侧重点上存在差异，但它们都是衡量一个地区可持续发展水平的重要指标。因此，在实践中，需要综合考虑 GEP 和绿色 GDP 的关系，推动形成绿色、低碳、循环的生产生活方式，实现经济、社会和自然的协调发展。同时，也需要加强政策引导和支持，促进绿色产业的发展和创新，推动经济高质量发展。

23. GEP增长或下降分别代表什么?

GEP的升降变化可以反映出一个地区生态环境保护和可持续发展的成效和趋势，为决策者、管理者制定生态环境保护政策、推进生态文明建设提供科学依据。同时，这一变化也将促进人们更加关注和重视生态环境保护，推动经济、社会和环境的协调发展。

GEP增长，一定程度上代表该地区的生态系统健康状况得到改善，生态系统提供服务和产品的能力得到提升，对当地经济和社会的可持续发展有着更为积极的支撑作用。这通常得益于生态环境保护和修复工作的有效实施，以及可持续发展理念的落实。同时，这也说明了该区域人们的生产生活对生态系统的干扰强度在生态系统的调节范围之内，比如：通过提高生产中自然资源利用效率，减少了对当地自然生态系统的资源索取，通过减少污染物的排放，减轻了生产生活对自然生态系统的压力，从而推进当地人与自然关系趋于和谐。反之，GEP下降，一定程度上代表该地区生态系统提供的产品和服务价值减少。这说明该地区的生态环境质量可能下降，或是生态系统服务功能减弱，当地对自然生态系统的干扰强度超过了生态系统的承受范围，比如：生产中过度消耗自然资源或污染物排放过多，增加了生态系统压力，降低了生态系统服务能力，导致当地人与自然关系趋于紧张。因此，从更大的时空维度看，GEP下降折射出当前生产生活方式可能会对当地经济和社会的可持续发展产生不利影响。

24. 哪些途径可以让GEP增长，哪种途径增长最快？

要让 GEP 增长，需要从多方面入手，包括加强环境污染治理、推进生态保护修复、促进可持续发展、加强科学研究和技术创新等举措。

（1）加强环境污染治理

减少人类生产生活污染排放，减轻对生态环境的压力，缓解人类活动对生态环境的破坏和干扰，是提高 GEP 的关键。政府可以通过强化环境污染源头预防、过程监管和末端治理等措施，打好污染防治攻坚战，大力推广生态环保理念，提高公众环保意识，来推动 GEP 的增长。

（2）推进生态保护修复

对于已受到破坏的生态系统，应采取森林修复、湿地保护、水土保持等生态保护修复措施，以恢复生态系统的结构和功能，提高生态服务能力和价值。同时，要按照尊重自然、顺应自然、保护自然的科学要求，助力自然生态系统演替，确保生态系统动态平衡，维持生态系统服务水平，这些都是提高 GEP 的重要路径。

（3）促进可持续发展

推动可持续发展是提高 GEP 的根本之道。政府可以制定科学的发展规划，推进经济、社会和自然的协调发展，鼓励绿色产业和低碳经济的发展，促进资源的节约和循环利用，减少对自然资源的过度开采和破坏，降低人类活动对生态系统的干扰强度，从而助力 GEP 的增长。

（4）加强科学研究和技术创新

科学研究和技术创新是提高 GEP 的重要手段。加强科学研究特别是生态系统领域的科学研究，是全面认识和深入理解生态系统规律的必然之路。同时，通过加强对生态系统服务价值的评估和研究，还可以探索生态系统保护和恢复的新技术与新方法，为提高 GEP 提供更扎实丰富的科学依据和技术支持。

关于哪种途径是提升 GEP 最快的路径，客观上讲并没有确定的答案。一方面，生态系统本身就是一个复杂巨系统，就目前的科技水平而言，人类尚没有全面认识和掌握生态系统的运行规律；另一方面，不同地区、不同生态系统面临的问题和挑战也不同，需要因地制宜、因时制宜地采取综合措施。无论如何，从人类与自然关系开始紧张到现在的历史阶段（主要表现为自工业革命以来），加强环境污染治理、强化生态保护修复、促进可持续发展等长期性、基础性的工作是提高 GEP 的重要途径，需要久久为功，持续迭代推进。同时，也需要加强科学研究和技术创新，不断提高生态系统保护修复的技术水平和效率。

25. GEP核算出来怎么用?

GEP 核算是一种评估生态产品总值的方法，其结果可以反映生态系统提供的所有最终产品和服务的货币价值。GEP 核算结果的应用主要体现在以下几个方面。

（1）为政策制定提供依据

政府可以根据 GEP 核算结果，了解生态系统的服务能力大小及变化趋势，从而更有针对性地提出提升和巩固生态系统质量的举措，制定促进绿色低碳循环发展的可持续发展战略。例如，在制定生态环境保护政策时，既可以根据 GEP 核算结果确定生态环境保护的重点区域和优先领域，并制定相应的保护措施，也可以根据 GEP 空间布局明确不同区域的差异化产业发展对策。

（2）为生态补偿提供依据

生态补偿是一种通过经济手段来保护和恢复生态系统服务的政策工具。通过 GEP 核算，可以确定某一区域的生态系统提供的调节服务价值高低，为生态补偿提供依据。例如，对于提供优质水资源的水系源头区等重要生态功能区，政府可以通过生态补偿机制给予相应的经济补偿，以激励当地居民和企业积极参与生态保护。

（3）为绩效考核提供依据

政府可以将 GEP 纳入绩效考核体系，通过比较同一区域不同时期、不同区域同一时期的 GEP 变化，可以用以评估当地或不同地区间生态环境保护和可持续发展的成效，为制定政府绩效考核提供科学依据，进而采取相应的奖惩措施，助推各级政府更加重视生态环境保护工作，实施绿色发展战略举措，促进经济和环境的协调发展。

（4）为领导干部自然资源资产离任审计提供依据

将 GEP 纳入领导干部自然资源资产离任审计，有助于更全面地评估在生态环境保护、自然资源资产利用等领域的工作成效，强化领导干部对生态环境保护的重视，激励领导干部在任期内更加注重生态保护和可持续发展，从而推动当地生态系统的保护和恢复。

总之，GEP 核算结果的应用范围广泛，可以用于政策制定、生态补偿、绩效考核等多个方面。通过合理利用 GEP 核算结果，可以促进生态系统的保护和可持续发展，推动经济和环境的协调发展[①]。

① 高世楫、俞敏:《GEP 核算是基础，应用是关键》,《学习时报》2021 年 9 月 29 日。

26. 什么是特定地域单元生态产品价值（VEP）?

特定地域单元生态产品价值（the value of ecosystem product in specific geographic unit，VEP）是指在市场交易导向下，因对一定时空范围内产权清晰的各类生态资源资产进行保护修复、开发利用而带来的生态产品货币价值。

从功能上看，VEP 是服务于市场交易的生态产品价值。VEP 概念的提出主要服务于生态产品价值的市场化实现领域，是通过市场交易来体现生态产品价值。换言之，市场交易需求是 VEP 存在的前提和基础；如果没有了市场需求，VEP 的核算应用也难以开展。

从产权上看，VEP 是生态资源资产产权清晰条件下的生态产品价值。产权清晰是市场交易的前提。生态产品依附于生态资源资产，并对其具有极强的从属性，因此，生态产品产权可被视为生态资源资产用益物权的一种。生态产品市场交易要求其所依附的生态资源资产产权务必清晰。

从空间上看，VEP 是除行政区域单元以外的空间单元的生态产品价值。在实践中，生态资源资产的保护、修复和开发利用多以具体项目为实施载体。该项目空间必须具有清晰的边界，其形态可以是连续的，如一块林地、一条河流等；也可以不是连续的，如多个乡村间的林地、农田等生态资源；还可以是跨行政区域的，如跨界河流生态保护修复等。

从内容上看，VEP 是开发利用生态资源资产带来的生态产品价值。生态资源资产的保护、修复或开发利用行为（有劳动投入，并产生市场交换价值），大体上分为三类：第一类有保护性，如森林、湿地等的保护与修复等活动，增强生态产品供给能力，提升生态产品价值；第二类有消耗性，如征占用森林等生态资源进行产业开发和城镇建设等活动，降低生态产品供给能力和生态产品价值；第三类既有保护性也有消耗性，如废弃矿山修复后的一二三产业融合开发、新的片区综合开发等，这时候会有生态产品价值增量大于、小于或等于生态产品价值消耗量三种情况（见图 3-2），相应出现生态产品价值的提升、减少或不变等结果。

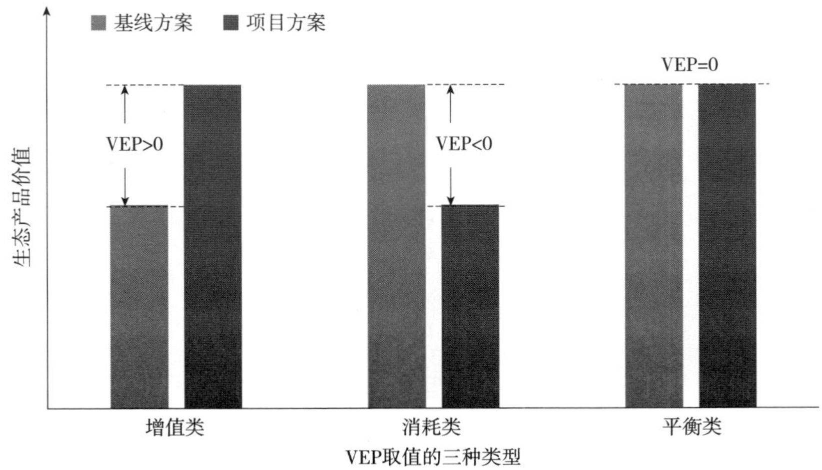

图3-2　特定地域单元生态产品价值（VEP）类型示意图

资料来源：作者绘制。

从时间上看，VEP 是生态资源资产保护、开发期间产生的生态产品价值。该时间区间是从生态资源资产的保护、开发活动开始，到该保护、开发活动结束为止。例如，利用森林经营开发碳汇（生态产品），其碳汇价值的核算时间应从森林经营活动生产碳汇开始，到合同约定的森林经营活动结束为止。

27. GEP和VEP有哪些异同?

GEP 和 VEP 在目标理念和核心对象等方面有一些共同点，但在应用方向和时空范围等方面存在显著差异，具体如下。

（1）GEP和VEP的相同点

第一，目标理念相同。GEP 和 VEP 都是对新时代创新生态文明建设新模式的有益探索，其目标是建立健全生态环境保护者受益、使用者付费、破坏者赔偿的利益导向机制，彻底摒弃以往的粗放型发展模式，倒逼、引导形成以绿色为底色的经济发展方式，激励各地提升生态产品供给能力和水平，满足人们日益增长的优美生态环境需要。

第二，核心对象相同。从本质上讲，GEP 和 VEP 的核算对象都是一定时空范围内各类生态系统提供的生态系统服务（支持服务除外），核算的是生态系统为经济活动和人类其他活动提供的且被使用的最终产品与服务的货币价值，包括物质供给价值、调节服务价值和文化服务价值，是一种流量。

（2）GEP和VEP的不同点

第一，应用方向不同[①]。GEP面向政府治理侧，是一种帮助政府提升治理能力的新型政策工具，主要应用在政府绩效考核、生态保护补偿等领域。GEP针对的是某一行政区域单元的生态产品价值总体情况，是当地生态环境质量的综合体现。同时，GEP核算应用体现了原则性、方向性、导向性要求，核算宜粗不宜细。

VEP面向市场服务侧，是发挥有效市场在生态产品价值实现相关资源配置中决定性作用的新型市场工具，主要应用到生态产品的经营开发、担保信贷、权益交易等领域。VEP评估的是对一片山林、一个流域等生态资源资产实施保护和开发行为带来的生态产品价值。由于主要服务于市场交易，VEP核算宜细不宜粗，应满足市场交易中多方主体“斤斤计较”的要求。

第二，时空范围不同。空间上，GEP针对行政区域单元，包括省、市、县、乡等行政区域，且空间一般是连续的（贵州六盘水飞地等行政性飞地除外）。VEP针对的是除行政区域单元外，其他任一非行政单元的实体空间。从连续性上讲，该实体空间有些是连续的，有些不是连续的（如间隔的），也有些可能是跨行政区域的；从面积大小上讲，该实体空间有可能是小于行政区域的，有可能是大于行政区域的（如跨行政区域），两者也有可能是相等的（如整村开发）。总体上，相对于GEP而言，VEP的空间范

① 国家发展改革委、国家统计局:《生态产品总值核算规范（试行）》，2022年3月26日。

围会存在更多种情况。时间上，GEP 一般以年度为核算周期，且理论上没有明确的起始和结束时点。例如：浙江已经开展的常态化 GEP 年度核算工作；VEP 则是以生态资源资产保护开发行为从开始到结束的时间段为核算周期，有明确的核算起始和结束时点，即生态资源资产保护与开发合同约定的履约期。

28. GEP核算工作现状如何？

经过多年的研究实践，GEP 核算引起了学术界和政府部门的高度关注。《意见》将生态产品价值核算提升到新的战略高度，GEP 核算工作在全国范围内自上而下全面深化铺开。省级、市级、县级各层面积极探索 GEP 核算，相继出台了相关核算技术规范。目前，我国 GEP 核算已进入深化统一阶段，核算试点不再局限于国家部门的分散部署，而是从省级、市级、县级各层面全面推进 GEP 核算工作。据不完全统计，目前，我国已有 30 个省（直辖市）、市开展了 GEP 核算工作。

在核算实践的基础上，政府部门积极推动生态产品价值核算走向标准化与规范化，巩固和加强科学研究与政府决策的联系。全国多个省、市、区陆续出台了生态产品总值核算的相关技术规范或技术指南，省级层面包括浙江、江西、贵州、福建、海南、北京等省（直辖市），市、区层面包括丽水、厦门、深圳、南京、黄山、深圳盐田区等地（见表 3–1）。各地根据本地生态系统特色及实际情况，遴选了不同数量的核算科目，构建形成了具有区域特色的指标体系和核算方法。在核算指标方面，各地生态产品价值核算的一级指标基本一致，主要包括物质供给、调节服务、文化服务三大类生态产品，但二级核算指标略有不同，如在浙江省与深圳市的指标体系中，前者包含了释氧、负氧离子等特色指标，后者包含了削减交通噪声、防护海岸带、康养服务等特色指标。在核算方法方面，各地也存在一定的差异，如浙江省主要基于空间矢量数据进行核算，北京市主要基于空间栅格数据进行核算。为提升 GEP 核算结果的可比性、深化 GEP 核算结果应用，仍需要制定在全国范围内均可落地实施的、科学性和权威性较强的核算方法。在地方核算实践的基础上，国家发展改革委、国家统计局于 2022 年联合发布了《生态产品总值核算规范（试行）》（发改基础〔2022〕481 号），为推动全国各地 GEP 核算工作走向规范化、统一化奠定了基础。

表 3-1　国内出台的生态产品总值核算规范 / 标准文件（部分）

序号	层级	文件名称	发布时间	起草单位
1	国家层面	生态产品总值核算规范（试行）	2022 年 3 月	国家发展改革委、国家统计局
2	省级层面	浙江省生态系统生产总值（GEP）核算技术规范　陆域生态系统	2020 年 9 月	浙江省发展规划研究院、浙江大学、中国科学院生态环境研究中心等
3		江西省生态系统生产总值核算技术规范	2021 年 6 月	抚州市发展改革委、中国科学院生态环境研究中心等
4		贵州省生态系统生产总值（GEP）核算技术规范	2021 年 7 月	贵州省发展改革委、中国质量认证中心、贵州环境能源交易所有限公司
5		福建省生态产品总值核算技术指南（试行）	2021 年 9 月	生态环境部环境规划院、中国科学院生态环境研究中心等
6		海南省生态产品总值（GEP）核算技术规范（试行）	2023 年 4 月	海南省环境科学研究院
7		北京市生态产品总值核算技术规范	2022 年 12 月	中国科学院生态环境研究中心

续表

序号	层级	文件名称	发布时间	起草单位
8	市级层面	丽水市生态产品价值核算指南	2020年5月	中国（丽水）两山学院、中国科学院生态环境研究中心等
9		厦门市生态系统生产价值统计核算技术导则（2020年修订）	2020年12月	中国环境科学研究院、厦门市环境科学研究院等
10		深圳市生态系统生产总值核算技术规范	2021年2月	中国科学院生态环境研究中心、深圳市环境科学研究院等
11		南京市生态系统生产总值（GEP）核算技术规范	2021年6月	南京市高淳区市场监督管理局、南京市高淳生态环境局等
12		黄山市生态系统生产总值（GEP）核算技术规范	2021年11月	国家统计局黄山调查队、黄山市市场监督管理局等
13		大兴安岭地区生态产品总值（GEP）核算指南与技术办法	2022年9月	东北林业大学、中国科学院生态环境研究中心等
14		盐城市生态产品总值核算技术规程	2022年9月	盐城师范学院、自然资源部第一海洋研究所等
15	县级层面	盐田区城市生态系统生产总值（GEP）核算技术规范	2018年12月	深圳市环境科学研究院

资料来源：作者整理。

路径篇

29. 生态农业如何在生态产品价值实现中发挥作用？

生态农业在生态产品价值实现路径中发挥着不可替代的重要作用，其核心理念根植于生态系统的完整性和原真性，通过科学合理地管理和高效利用自然资源，创造出具有高附加值和显著生态效益的产品和服务。

生态农业实现了生态环境与经济效益的双赢。生态农业遵循自然规律，注重农田生态系统的完整性，通过构建和谐共生的农业生态系统，以间作套种、轮作制度以及立体农业等方式，既优化了土地资源利用效率，也提高了农业生态系统的稳定性和生产力。这种模式下生产的农产品因其绿色、健康的特点，往往能在市场上获得更高的价格，使生态产品价值得以转化。

生态农业对生态产品价值实现的贡献还体现在其对生态系统功能的强化上[①]。例如，生态农业有助于改良土壤、涵养水源、传播花粉、固定二氧化碳、减少水土流失、改善区域微气候等，为野生动植物提供栖息地，这些都属于生态系统提供的间接服务价

① 蒋永穆、杜婵：《以农业新质生产力助推乡村生态产品价值实现》，《农村经济》2024年第6期。

值。随着人们对环境友好型生活方式需求的提升，这类生态产品价值正逐步转化为现实的经济价值，如碳汇交易等新型市场化机制的建立和完善，进一步提升了生态农业在生态产品价值实现中的作用。

生态农业倡导并践行绿色生产方式，致力于打造特色鲜明且具有地域优势的生态产品区域公用品牌[①]。政府及相关部门鼓励各地根据自身的地理环境、气候特点和生物多样性特征，发展诸如有机种植、循环养殖、野生动植物资源可持续利用等各种生态农业产业。例如，浙江丽水将当地各种具有地方特色的生态农产品纳入统一的品牌——“丽水山耕”管理之下，并通过严格的质量监控体系和精心打造的品牌营销策略，迅速提升了消费者对该品牌生态产品的辨识度和信任感。这些具有地方特色的生态产品在统一的品牌管理体系下，凭借严格的质量控制和品牌营销策略，极大地提升了消费者对生态产品的认知度和信任度，进而实现了品牌价值的提升，使生态产品能够在市场上获得更高的“生态溢价”。

生态农业不可或缺的是认证评价体系和标准化建设。构建并规范生态产品认证评价标准，是确保生态产品真实反映其生态价值的重要途径。政府部门及相关组织需构建一个涵盖产品质量、产地环境、生产过程，乃至对生态系统健康和生物多样性的影响

---

① 刘峥延:《以生态产品价值转化助推乡村振兴——浙江的经验与启示》,《中国经贸导刊》2021 年第 14 期。

等多维度的认证体系，使之具有中国特色且适应国情，同时积极寻求国际的互认，拓宽生态产品在国际市场上的流通渠道，提升国际影响力。与此同时，生态农业充分利用现代信息技术，尤其是区块链技术，建立起透明且可信的产品质量追溯机制。全面记录生态产品从生产、加工到物流等全生命周期信息，使消费者能够便捷地了解所购产品的来源及其整个生产流程，从而增强生态产品的可追溯性和安全性。

30. 生态工业如何在生态产品价值实现中发挥作用?

生态工业是一种致力于减少环境污染、降低资源消耗、提升资源利用效率的新型工业化发展模式，在生态产品价值实现路径中发挥着独特的功能性作用。

生态工业是实现生态产品价值的重要手段。生态工业通过仿照自然界的物质循环方式，构建工业生产系统，使得各生产过程通过物质流、能量流和信息流互相关联，完善资源利用和物质循环，实现资源的最优利用，使得区域对外界的废物排放量趋于零[①]。生态工业的发展，可以推动传统产业的绿色化改造，从而形成促进经济社会发展全面绿色转型的生态经济体系。这种模式不仅提高了资源利用效率，还减少了废弃物的产生，降低人类工业生产活动对生态系统的扰动和干扰，使人类的这种扰动和干扰在生态系统可承受范围之内，有助于保障生态系统服务功能不受负面影响，进而确保生态产品服务能力。

生态工业与生态产品价值实现机制相互促进。完善生态产品

① 南锡康、孟冬、马朋林:《“十四五”时期生态产品价值实现前景研判》,《自然资源情报》2022 年第 12 期。

价值实现机制需要推动产业生态化和生态产业化，而生态工业正是实现这一目标的重要途径。特别是依托优质的自然本底条件，如洁净水源、清洁空气和适宜气候等生态产品，作为生态工业发展的生产要素，去发展那些对环境条件要求严苛且高度依赖优质生态资源的产业，例如数字经济、洁净医药制造和精密电子元器件制造等环境敏感型产业。这些产业在享受优质生态资源的同时，也在一定程度上依赖良好的生态环境所提供的生态服务，如空气净化、气候调节等，从而实现了生态产品价值从自然状态向产业经济形态的有效转化。

此外，在当前“园区外无工业、园区内无非生态工业”工业发展理念的导向下，生态工业园区这一产业平台在推进生态产品价值实现中也发挥着重要作用。生态工业园区依据循环经济理念和工业生态学原理设计建设，强化产业内部及跨行业的生态链接与资源共享，通过与不同工厂、企业、产业建立联系，共同构建低消耗、低排放、高产出的产业链条，形成共享资源和互换副产品的产业共生组合。同时，生态工业园区还通过环境基础设施共建共享、废物交换利用、能源梯级利用等措施，使得园区内的各个企业都能在相互协作中放大生态产品的价值，推动生态产品价值在工业系统内部的多次增值。

31. 生态旅游如何在生态产品价值实现中发挥作用?

生态旅游是一种具有保护自然环境和维护当地人民生活双重责任的旅游活动，强调在旅游过程中不对生态环境造成损害，并通过旅游活动促进环境保护和可持续发展[①]。因此，生态旅游在生态产品价值实现路径中扮演着极其重要的角色。

生态旅游能够直接促进生态产品的价值实现。生态旅游通常依赖优质的生态环境、丰富的自然风光、独特的生物多样性、深厚的历史文化遗产等资源，这些资源本身就是生态产品。例如，浙江丽水千峡湖生态旅游度假区，充分利用当地秀美的水库湖景风光和深厚的文化底蕴，秉持“自然生态为本，农耕文化为魂”的发展理念，通过开发森林康养游、休闲农业、乡村民宿、露营地等绿色旅游新业态，将这些生态资源转化为旅游产品，吸引游客前来体验，从而实现了生态产品的经济价值。这种发展模式要求在最小限度影响生态环境的前提下，构建旅游与康养休闲一体化的业态结构，比如建设生态步道、观鸟平台、森林疗养基地、文化体验中心等设施，让游客在享受优质旅游体验的同时，潜移

① 杨明月、陈佳馨:《生态旅游践行生态文明建设：理论逻辑与政策建议》,《价格理论与实践》2022 年第 10 期。

默化地传播和弘扬生态环保理念，实现生态资源向旅游产品的有效转化。

生态旅游能够激活存量资源，提升生态产品的市场价值。生态旅游鼓励和推动各地积极探索和利用废弃矿山、工业遗址、古旧村落等存量资源，改造升级并赋予其新的生态与文化价值，通过引入市场经营开发主体，推动相关资源权益集中流转经营，实现资源产权清晰、责权利明确，调动各方积极性。例如，将废旧矿区改造成生态公园，使工业遗址转型为文化创意园区，将古旧村落复兴为乡村民宿和传统手工艺体验场所。这些举措在促进资源重复利用的同时，也提升了开发区域教育文化旅游的整体价值，实现了生态资源的增值和生态产品的供给，形成了全新的经济增长点。

生态旅游还能够促进生态产品文化价值的实现。旅游资源的自然属性和文化属性决定了其对生态产品有着天然的依附性。旅游业的发展不仅需要生态物质产品的保障，还需要调节服务和文化服务产品的支持。旅游者的体验和传播，可以提升公众对生态产品价值的认识和重视。同时，生态旅游在推动生态产品价值实现的过程中需要树立绿色发展形象、创新路径、拓展效益，以改变山区旅游单向依赖和消耗生态的形象，彰显增加生态系统服务功能的作用，提升人民绿色发展、绿色消费意识，增强生态文明建设理念。这一举措能够带动其他行业和地区关注和参与到生态保护与可持续发展中来，推动整个社会形成更加尊重自然、顺应自然、保护自然的良好氛围，从而在更大范围内实现生态产品价值的有效实现和持续增长。

32. 政府在生态产品价值实现中扮演什么角色?

政府在生态产品价值实现中扮演着至关重要的主导角色，需要发挥推动、保护和监督等多重作用，确保生态产品的价值得以实现和可持续发展。

政府是生态产品价值实现的推动者。政府通过制定相关政策、提供资金支持、推动科技创新等方式，促进生态产品的价值转化和实现。例如，政府可以建立健全生态产品价值核算、评估和交易等机制，推进生态产品调查监测机制，完善生态产品价值核算和定价制度，开展生态产品价值实现的试点示范，加强政策制度创新试验等。例如，2021 年 4 月，中共中央办公厅、国务院办公厅印发的《意见》明确了生态产品价值实现机制的顶层设计，并针对生态产品价值实现的不同路径，提出探索构建行政区域单元生态产品总值和特定地域单元生态产品价值两套评价体系，为各地深入开展生态产品价值实现机制探索，推动绿水青山转化为金山银山提供政策指引和实践遵循。再如，2022 年 3 月，国家发展改革委和国家统计局联合印发了《生态产品总值核算规范（试行）》，明确了 GEP 核算的指标体系、具体算法、数据来源和统计口径等，为全国各地开展 GEP 核算实践提供了重要参考。

政府是生态产品的保护者。政府在推进生态产品价值实现的过程中，要注重保护自然生态系统，保障自然资本的可持续利用。政府通过加强生态保护和修复力度，如森林植被恢复、湿地保护、生物多样性保护等，从而直接或间接地增加生态产品的供给，引导社会树立生态价值观，为持续转化生态价值打下基础。同时，政府还需加强生态环境监测、评估和科研能力建设，建立生态产品调查监测机制，开展生态产品信息普查，为价值实现提供准确的数据支持和技术支撑。特别是，为了确保优质生态产品的稳定供给，政府通过财政转移支付和生态补偿等方式鼓励生态产品的保护和生产，进而推动生态产品价值实现。例如，2024 年 6 月 1 日正式实施的《生态保护补偿条例》，标志着中国生态保护补偿开启了法治化新篇章，通过鼓励对生态服务提供者给予合理经济补偿，以激励更多主体参与到生态保护工作中来。再如，《碳排放权交易管理暂行条例》于 2024 年 5 月 1 日起实施，通过规范碳排放权交易，加强对温室气体排放的控制和管理，推动实现二氧化碳排放达峰目标和碳中和愿景，促进经济社会发展向绿色低碳转型，促进人与自然和谐共生，确保提供更多优质生态产品以满足人民日益增长的优美生态环境需要。

政府是生态产品价值市场交易机制的建立者。政府通过建立和规范生态产品认证标准，构建具有中国特色的生态产品认证体系。政府可以通过财政补贴、税收优惠等政策工具，引导社会资本投入生态产业，鼓励企业研发绿色技术，生产生态友好型产品，形成良性的生态产业链条。政府也可以推动建立多元化的生态产品交易市场，比如建立生态资源交易中心，促进生态产品价值从无形向有形转换，鼓励打造特色鲜明的生态产品区域公用品牌，将各类生态产品纳入品牌范围，加强品牌培育和保护，提升生态产品溢价，真正实现生态产品经济效益和社会效益的双重提升。政府还可以通过推进自然资源确权登记，深化自然资源所有权、资格权、使用权“三权分置”改革，鼓励企业和个人依法依规开展水权和林权等使用权抵押、产品订单抵押等绿色信贷业务，探索“生态资产权益抵押＋项目贷”模式，支持区域生态环境提升及绿色产业发展。

在生态产品价值实现的过程中，不仅需要政府积极履行管理职能，更要充分发挥市场机制的作用，借助政策调控与市场力量相结合的方式，全方位、多角度地推动生态产品价值的有效实现，从而实现经济发展与生态保护的和谐共生，迈向可持续发展的未来。

33. 企业和个人如何参与生态产品价值实现?

企业和个人都是生态产品价值实现的重要参与者。其中，企业既是生态产品的保护者，也是生态产品的供给者；个人既是生态产品的消费者，也是生态产品的供给者和监督者。因此，二者在生态产品价值实现过程中扮演着至关重要的角色。

（1）企业参与生态产品价值实现的方式

企业是确保生态产品持续供给的参与者。企业可以通过参与植树造林、湿地恢复、水土保持等生态修复工程，提升生态系统的自我恢复能力，增强生态修复、有机产品生产、绿色旅游等服务提供能力来参与生态产品价值实现。这些工程不仅能改善生态环境，还能为企业带来良好的社会形象和潜在的商业机会。例如，企业可以参与生态修复项目，改善生态环境；提供有机产品，满足市场对健康食品的需求；开展绿色旅游，吸引游客，促进当地经济发展。再如，企业可以投资太阳能、风能等清洁能源项目，这不仅有助于环境保护和增强生态产品供给能力，还能获得经济效益。

企业是生态产品价值实现商业模式的创新者。企业通过实践创新权益交易、建立联合经营、搭建平台等不同商业模式推进生态产品价值实现。在参与权益交易方面，企业可以参与碳排放权交易、碳汇交易、水权交易等，不仅能带来经济效益，还能促进生态环境的改善，实现生态产品的经济价值。在建立联合经营模式方面，企业可以与集体、农户等合作，共同开发和运营生态产品，如通过“公司 + 集体 + 农户”的联合经营模式，可以实现资源整合、共同受益。在搭建交易平台方面，企业可以通过股权合作、委托经营等方式搭建统一的生态产品市场交易平台，吸引优质社会资本，加快物质产品、文化产品及生态服务产品的融合发展。在整合产业链方面，企业可以通过构建涵盖生态资源开发利用、生态产品生产和销售、生态保护修复等环节的闭环产业链条，确保生态产品价值在各个环节得到合理分配和有效增值。

企业是科技提升生态产品价值的驱动者。企业通过开展包括但不限于研发低碳、节能、循环利用等绿色技术，提高生态资源的利用效率；应用现代科技手段（如物联网、大数据等）进行生态环境监测与评估，以精准量化生态产品的价值；推动产业跨界融合，如通过生物科技提升生态农业的产出效能，或利用数字化技术改造传统旅游业，打造生态旅游产品，增强生态产品供给能力，提升生态产品价值，促进生态产品价值实现。

企业是金融产品创新的支持者。企业可以利用绿色金融工具吸引社会资本参与生态产品价值实现。例如，企业可以通过发行绿色债券、绿色基金等方式，吸引投资者参与生态项目，实现资金的有效利用。

企业参与生态产品价值实现是一个系统工程，只有结合现实发展需要，结合技术创新、商业模式改革、金融支持和社会责任履行等多方面工作，才能真正实现生态产品的内在价值，推动经济社会的绿色发展，为建设美丽中国、实现人与自然和谐共生做出贡献。同时，这样的参与也为企业的可持续发展开辟了新的道路，使其在市场竞争中赢得更大的发展空间和竞争优势。

（2）个人参与生态产品价值实现的方式

个人参与生态产品价值实现有以下几种方式。

第一，践行绿色低碳生活模式。个人积极参与到节能减排的实际行动中，通过推广和实行节能节水措施，严格执行垃圾分类制度，选择绿色出行方式，如公共交通、共享单车或步行，甚至参与到低碳环保活动中去，如种植树木以抵消自身的碳排放。个人可以有意识地选择那些经过认证的、采用环保工艺生产的生态产品，如具有生态标签的有机农产品、低碳环保型家具、家电等，通过市场机制传导对生态环境友好型产品的偏好，引导企业在追求经济效益的同时注重提升生态效益，进而实现生态资源的价值转化。

第二，参与生态产品供给。个人可以通过参与生态产品的生产和供给直接做贡献。例如，可以通过“公司 + 合作社 + 农户”模式参与生态产品的生产。在这种模式下，公司负责种养、管理、销售，合作社负责土地流转、劳务用工及相关协调服务，农户将土地入股给合作社，平时可以优先在基地务工，待产生收益后，公司、合作社、农户三方再按比例分红。此外，个人还可以通过

“生态（收储）银行”模式参与生态产品价值实现，这种模式由政府建立生态资源资产运营管理平台，通过借鉴商业银行分散化输入和集中式输出的方式，将分散化的生态资源经营权进行整合，再与后端龙头企业对接开展生态经营，供给私人产品类生态产品。

第三，参与生态产品市场监督。个人可以通过参与市场监督来确保生态产品的质量和可持续性，包括对生态产品的生产过程进行监督，确保其符合质量标准和环保要求。个人可以在基层社区层面发挥重要作用，主动投身于各类环保项目，如参与湿地修复、公园绿地养护、生物多样性保护等，通过志愿服务、公众监督等方式，直接或间接地促进生态产品的形成。个人可以加入相关的社会组织或志愿者团队，参与市场监督工作，确保生态产品的生产和交易过程透明、公正。同时，个人也可以发起或响应各类环保倡议，利用社交媒体等平台扩大影响力，推动形成全民关注、支持和参与生态产品价值实现的良好社会氛围。

此外，具有一定经济能力的个人还可以通过金融手段助力生态产品价值实现，比如投资绿色产业基金、购买与生态环境保护挂钩的理财产品，或是支持从事生态修复、绿色农业等项目的初创企业。此类绿色投资不仅能带来经济效益，更是对生态产品价值进行货币化转化的一种有效途径，可有力推动生态资源从自然资产转化为经济资本的进程。

34. 实现生态产品价值的平台和载体有哪些?

实现生态产品价值的平台和载体多种多样，它们承载着连接供需双方、量化生态产品价值、推动生态资源向经济价值转化的重要使命，主要包括生态产品交易平台、生态资源权益交易平台、新闻媒体和互联网电商平台等。

（1）生态产品交易平台

生态产品交易平台是直接服务于生态产品市场交易的实体或虚拟场所，通过市场化手段将生态资源转化为商品和服务。例如：浙江省的“两山合作社”，它是以生态产品价值实现为根本目标，聚焦生态资源变生态资产、生态资产变生态资本，按照“分散化输入、集中式输出”的经营理念，打造政府主导、社会参与、市场化运作的生态产品经营管理平台[①]；福建省南平市的“生态银行”，是一种生态资源资本化运营机制，通过集中收储、专业化整合、市场化运作，将碎片化的生态资源变为优质高效的资产包，

① 俞东芳、丁丽莲:《完善“两山银行”机制　助力实现共同富裕》,《中国农村金融》2022 年第 8 期。

吸引社会投资，实现生态产品的价值转化[①]。目前，国家正在推动生态产品交易中心建设，定期举办生态产品推介博览会，让其成为连接供需双方的重要桥梁。通过实体展会和线上云交易、云招商活动，生态产品得以突破地域限制，面向更广泛的潜在投资者和消费者展示，从而提升市场对生态产品价值的认知和接受度，加快生态产品从资源到商品再到市场的流转速度，提高生态产品市场的活跃度和流动性。

（2）生态资源权益交易平台

生态资源权益交易平台主要针对那些可通过交易机制实现价值流动的环境权益。如碳排放权交易市场，允许企业在限定的排放总量内，通过市场机制买卖碳排放权，从而促使企业降低排放、提高能效，实现碳减排的经济激励。用能权交易平台则为企业提供了节约能源、优化能源结构的机会，通过交易用能权，鼓励节能技术和清洁能源的使用。排污权交易则是企业之间可以通过市场机制转让排污额度，推动企业改进工艺、减少污染物排放，从而实现环境效益和经济效益的双重提升。用水权交易平台提供水权交易服务，支持跨水资源一级区、跨省区的区域水权交易，以及流域管理机构审批的取水权交易和水资源超载地区的用水权交易。

① 郑启伟:《美国“湿地银行”和南平“生态银行”比较及启示》,《浙江经济》2020年第1期。

（3）新闻媒体和互联网电商平台

利用新闻媒体和互联网的强大传播力，对生态产品进行全面、深度的宣传和推介，有助于提升生态产品的社会知名度和公众认可度。通过官方网站、社交媒体、直播带货、网络广告等形式，让生态产品走进千家万户，形成良好的市场口碑和消费需求，从而带动生态产品市场份额的增长和经营收益的提升。电商平台以其强大的资源整合能力与便捷的销售渠道，成为生态产品价值实现的新通道。通过引导更多的优质生态产品入驻线上商城，消费者能够随时随地购买绿色环保的生态产品，大大扩展了生态产品市场的覆盖范围并提高了交易效率，为生态产品价值有效实现创造了有利条件。

实现生态产品价值的平台和载体是生态产品价值实现中的关键环节，它们通过建立有效的市场机制和交易规则，让原本难以估价的生态资源得以货币化，推动形成全社会共同保护生态环境、共享生态红利的良好局面。

保障篇

35. 生态产品价值实现的法律保障有哪些？

生态产品价值实现是一项创新性工作，国家层面尚无针对性立法。2024 年 4 月出台的《生态保护补偿条例》是首部明确提到“生态产品价值实现”的国家法规。此外，生态产品价值实现主要在一些地方性法规中有所提及。但是，自从 1979 年制定第一部环境保护法——《中华人民共和国环境保护法（试行）》以来，我国陆续出台了关于水污染防治、森林保护、清洁生产促进、环境保护税等的一系列促进生态环境保护的法律。通过实施这些法律，我国生态环境得到了保护和改善，有利于森林、草地、湿地等生态系统为人们提供更多的优质生态产品。因此，这些与生态环境保护相关的法律也可被视为生态产品价值实现的法律保障。

随着生态产品价值实现工作的推进，许多省、市逐渐将“生态产品”一词直接纳入了法规中。例如，2018 年 9 月出台的《福建省生态文明建设促进条例》中提到了“建立体现生态产品价值的市场制度”；2020 年 12 月出台的《海南省生态保护补偿条例》中提到了“建立绿色产品标识、绿色金融、绿色采购等激励机制，促进生态产品价值实现”；2021 年 7 月出台的《杭州市淳安特别生态功能区条例》中提到了“探索拓展政府主导、企业和社会各界参与、可持续的生态产品价值实现路径”。此外，由于优质生态产品大量分布在我国乡村地区，所以我们可以看到，在福建、江苏、贵州、河北、重庆等地的《乡村振兴促进条例》中也都提到了“建立生态产品价值实现机制”。然而，以上法规大多只是提及了生态产品价值实现，并未对相关工作做出具体规定。截至 2025 年 4 月，全国仅有 2022 年 5 月发布的《浙江省生态环境保护条例》设立了“生态产品价值实现”的单独章节，共计 11 条法规条款，对生态产品价值实现工作的推进做出了明确规定。

36. 生态产品价值实现的财政支持有哪些？

生态产品价值实现就是“绿水青山”转化为“金山银山”的过程。因此，财政支持生态产品价值实现主要体现在两个方面：一方面是支持“绿水青山”的保护，另一方面是支持“绿水青山”向“金山银山”的转化。

对于“绿水青山”的保护，我国政府每年都会安排一笔财政预算，专项用于生态环境保护。例如，2024年《中央和地方预算草案》显示，国家安排了不低于811亿元的财政资金，用于支持2024年生态环境保护工作，包括环境污染防治、生态系统保护修复等。为了更好地发挥财政资金的撬动作用，我国正在积极探索建立生态环境保护的多元化投入机制。例如，我国生态环境领域设立的第一只国家级投资基金——国家绿色发展基金，中央财政出资100亿元，撬动其他资金785亿元，为长江经济带地区环境污染防治、生态系统保护修复等工作提供了重要的资金支持。为了进一步提高社会资本投入生态环境保护的积极性，2021年11月，国家出台的《关于鼓励和支持社会资本参与生态保护修复的意见》，要求对参与生态环境保护的社会资本主体提供财税支持。此外，我国建立的以财政转移支付为基础的生态保护补偿机制，也为“绿水青山”的保护提供了重要支持。近年来，中央财政对生态保护补偿的支持力度持续加大。“2013 年到 2023 年，重点生态功能区转移支付资金，从 423 亿元增加到 1091 亿元，累计投入 7900 亿元。还有水污染防治资金，从 2015 年的 130 亿元增加到 2023 年的 257 亿元。”①

对于“绿水青山”向“金山银山”的转化，由于转化路径尚在持续探索完善中，因此财政支持主要体现在对生态产品价值实现机制的研究上。例如，在 2023 年《中央和地方预算草案》中首次提出要支持“研究生态产品价值实现机制”；在随后的 2024 年《中央和地方预算草案》中则再次提到要支持“完善生态产品价值实现机制”。同时，在国家出台的支持国家公园建设、长江经济带发展、浙江共同富裕示范区建设、贵州高质量发展等文件中，也都明确要探索完善生态产品价值实现机制。

经过探索，目前主要形成了参照 GEP 核算结果的财政支持路径。例如，浙江省出台的与县（市、区）GEP 总量、增幅和强度挂钩的财政奖惩制度，以及浙江省云和县采取的政府购买生态产品方式（购买价格基于 GEP 核算结果），这些都是财政支持“绿水青山”转化为“金山银山”的实例。近年来，生态保护补偿机制逐渐成为财政支持生态产品价值实现的重要途径，相关资金也成为政府购买生态产品的主要资金来源。

---

①《中央财政在生态保护方面补偿力度持续加大》，中国政府网，2024 年 5 月 17 日。

37. 生态产品价值实现的金融支持有哪些?

金融支持是生态产品价值实现的主要资金来源之一。近年来，银行、保险公司等金融机构创新推出了一系列金融产品来支持生态产品价值实现工作，主要有绿色信贷、绿色债券、绿色保险、绿色基金等。

绿色信贷是金融机构在贷款政策中考虑绿色发展因素，优先支持绿色产业和项目的贷款方式，是目前金融支持生态产品价值实现的主要路径。针对生态产品价值实现相关项目，以政策性银行为主的金融机构提供了有力的信贷支持。例如，中国农业发展银行推出了生态环境建设与保护贷款产品，对生态环境保护修复、生态产品供给建设及运营提供了超过 1300 亿元的资金支持①；国家开发银行对生态环境导向的开发（EOD）模式项目发放了超过 225 亿元贷款（截至 2022 年底），涉及水生态环境保护、废旧资源再生利用、农业农村污染治理、生态保护修复等多个领域②。针对生态资源产权，各金融机构创新推出了一系列信贷产品。例如，

① 杨勇、吴志芳、汪玥等:《金融支持生态产品价值实现的实践探索》,《金融纵横》2023 年第 4 期。

②《截至去年底国家开发银行共向生态环境部 EOD 模式试点项目发放贷款 225 亿元》,新华网，2023 年 3 月 10 日。

湖北丹江口农发行以水域捕捞权为质押，向贷款主体发放贷款 4.4 亿元，用于对库区河段的生态修复①；宁夏盐池农商行依托盐池县 358 万亩丰富林权资源，推出“林权抵押贷款”，为 174 户农户提供绿色信贷2340万元，用于支持乡村产业发展②。此外，金融机构推出了基于碳汇收益权、取水权、排污权等生态资源权益的信贷产品。例如，福建南平兴业银行根据未来碳汇产品交易收益，向福建省顺昌县国有林场发放 2000 万元贷款③；浙江杭州恒丰银行接受排污权抵押，向绍兴印染企业发放超 10 亿元贷款，支持当地印染产业绿色转型④；浙江青田农商行接受水电站取水权质押，根据与取水权关联的预期发电收益，向青田县水利局发放超过 13.3 亿元贷款⑤。

绿色债券是指将募集资金专门用于支持符合规定条件的绿色产业、绿色项目或绿色经济活动的有价证券。绿色债券的发行为生态产品价值实现提供了长期稳定的资金来源。例如，2020 年，中国农业发展银行面向全球投资者发行 3 年期“两山”生态环保主题金融债券 20 亿元，用于支持生态环境保护修复项目⑥；2022 年，国家开发银行发行 120 亿元“长江流域生态系统保护和修复”

---

①《农发行丹江口支行　发放生态保护修复质押贷款 4.4 亿元》，农村金融时报网，2022 年 8 月 22 日。

②《盐池农商行：让沉睡的农村资产“活”起来》，宁夏新闻网，2022 年 8 月 5 日。

③《兴业银行落地 2000 万元“碳汇贷”　碳金融再添新品类》，新华网，2021 年 3 月 18 日。

④《探访绍兴模式：排污权抵押“贷”动绿色转型》，证券时报网，2021 年 4 月 29 日。

⑤《50 亿元授信！青田县举行助力水经济发展战略合作协议签约仪式》，青田县人民政府网，2023 年 8 月 7 日。

⑥《农发行成功发行“两山”生态环保主题金融债券》，中国证券网，2020 年 4 月 21 日。

专题绿色金融债，用于支持绿色产业项目[①]。

绿色保险是指保险业在环境资源保护与社会治理、绿色产业运行和绿色生活消费等方面提供风险保障和资金支持。针对生态产品价值实现，绿色保险主要为生态资源保护、生态农业发展等领域提供风险保障。例如，2020 年，中国人民保险集团为内蒙古乌拉特后旗 100 余万亩草原提供 4000 余万元保障，用于防范火灾、旱灾、沙尘暴、病虫鼠害等[②]；中国太平洋保险集团在 24 个省市开展了气象指数保险，保险范围涵盖蔬菜、水果、茶叶、中药材、水产畜牧养殖等品种，为 5.3 万农户提供超过 14.6 亿元的气候变化损失风险保障[③]。

绿色基金是指投向绿色产业或绿色项目的基金。生态产品价值实现领域的绿色基金主要由金融机构和财政部门合作设立。例如，国家绿色发展基金由政府、金融机构、企业三方联合发起成立，曾于 2021 年出资 1.80 亿元投资云南绿色基金、宝武绿碳基金，支持洱海生态保护修复[④]；2015 年，大自然保护协会联合万向信托等合作伙伴，组建了“善水基金”信托并获得 33 万元的资金捐赠，用于支持杭州市青山村水源地保护、绿色产业发展等[⑤]。

---

①《国家开发银行发行 120 亿元“长江流域生态系统保护和修复”专题债券》，中国一带一路网，2022 年 7 月 29 日。

②《内蒙古：今年计划为 3700 多万亩草原上保险》，中国政府网，2021 年 7 月 12 日。

③《中国太保在 24 个省市开展了气象指数保险项目》，证券日报网，2021 年 4 月 22 日。

④《促进生态环保和绿色产业发展　我省引入国家绿色发展基金初见成效》，云南省人民政府网，2023 年 10 月 10 日。

⑤ 吴浓娣、严婷婷：《浙江余杭区青山村运用“水基金”打通水生态产品价值实现市场化路径》，水利部发展研究中心《参阅报告》第 938 期。

38. 生态产品价值实现的产权如何保障？

财产权简称产权，是以所有权为核心的权利集合，包括对财产的占有、使用、收益、处分，是法律赋予个人和组织的一种权利安排。产权的清晰界定是推进生态产品价值实现，特别是其市场化实现的前提和基础。根据生态产品价值实现的实践需要，相关产权问题主要涉及自然资源产权和辅助要素产权两个方面。前者是因为生态产品直接来源于诸如水流、森林、草地、湿地等自然资源，后者则是因为生态产品价值实现过程需要依赖其他相关辅助要素的支持，例如农村闲置农房、闲置建设用地等。

2021 年 1 月 1 日，《中华人民共和国民法典》开始施行。其中的“物权编”是我国关于产权保护的重要法律依据，构建了产权制度的基本框架，对财产的所有权、用益物权和担保物权作出了具体规定。关于所有权，除法律规定属于集体所有的财产外，其余的都属于国家所有，即全民所有。例如，林地、耕地、建设用地等土地资源分为国家所有和集体所有。关于用益物权，这是一种在所有权上衍生出的权利，可以简单地理解为对他人所有的财产享有占有、使用和收益的权利。例如，租客对自己所租房子（所有权属于房东）享有的居住权。生态产品价值实现一般涉及土地承包经营权、建设用地使用权、宅基地使用权等用益物权。关于担保物权，生活中常见的抵押、质押就是担保物权的实现形式。从生态产品价值实现的实践看，厘清所有权是前提，盘活用益物权是关键，用好担保物权是保障。

生态产品种类繁多，既包括生态农产品、生态旅游景区（文化服务价值实现载体）等有形产品，也包括固碳、水源涵养等无形产品，因此需要分类讨论生态产品的产权保障问题。对于有形生态产品，它们的产权基本清晰，除合同另有约定外，通常属于产品的生产者或建造者，如农产品的产权属于耕种者，生态旅游景区的产权属于投资建设主体。对于无形生态产品，它们的产权保障相对困难，尚无明确规定。目前，无形生态产品的产权界定可依据《不动产登记暂行条例实施细则》规定的“房屋等建筑物、构筑物和森林、林木等定着物应当与其所依附的土地、海域一并登记，保持权利主体一致”。既然定着物的权利主体要与所依附的土地保持一致，那么无形生态产品作为定着物产生的产品（如森林产生的碳汇），其权利主体也应与所依附的定着物和土地保持一致。

39. 生态产品认证体系建设情况如何?

目前，我国生态产品认证体系总体上还处于初期探索阶段。2021 年 4 月印发的《意见》提出“建立和规范生态产品认证评价标准，构建具有中国特色的生态产品认证体系”。同年 6 月，受国家发展改革委委托，中国标准化研究院开展了生态产品认证评价体系研究，通过梳理国内外产品认证的现状及问题，分析各类产品认证标准及其差异，建立了包括生态物质供给产品、生态调节服务产品及生态文化服务产品等三大类生态产品在内的生态产品认证标准体系，提出了生态产品认证评价要求标准，初步构建了生态产品标准认证体系，并且依据各地优质生态产品情况，编制了一份包含全国典型优质生态产品属地、特点、优势等信息的目录清单。同时，国家发展改革委也委托清华大学开展中国特色生态产品认证体系与国际互认研究，通过研究构建了中国特色生态产品认证指标体系，并提出了探索实现国际互认途径的整体思路。此外，国家林业和草原局科技发展中心正在探索基于中国森林认证体系（CFCS）建立生态产品认证标准。

在地方探索方面，2022 年 10 月，山东省遴选了 22 个生态产品价值实现试点地区，计划利用 3 年时间，探索建立包括生态产品认证评价标准在内的多项技术规程。江西抚州以“赣抚农品”

产品认证、有机产品认证、“江西绿色生态”认证、良好农业规范（GAP）认证等为采信依据，形成了完善的生态产品质量认证结果采信体系。

可以预见，国家将会在以上研究和实践的基础上，制定生态产品认证评价标准，为推进生态产品价值实现提供有效支撑。

展望篇

40. 数字化发展给生态产品价值实现带来什么影响?

数字化发展对生态产品价值实现产生了深远的影响，主要体现在以下几个方面。

（1）提升价值核算与评估精准度

数字技术可以集成遥感监测、地理信息系统（GIS）、大数据分析等手段，实时、准确地量化和评估生态产品实物量及价值量。例如，通过卫星遥感数据追踪森林覆盖率变化、蓄积量状况等信息，有助于科学客观地计算生态产品价值量，解决传统方式下“度量难”问题[①]。

（2）促进市场交易与流通

依托区块链、物联网、智能合约等数字技术，可以构建安全透明、可追溯的生态产品交易平台，推动物质供给产品（优质农产品等）、生态环境权益（排污权、用水权等）交易，有效破解生

① 胡熠、黎元生:《数字化拓宽生态产品价值实现的路径》,《环境保护》2023 年第 17 期。

态产品“交易难”的瓶颈，拓宽其市场化路径。

（3）创新金融服务与融资机制

数字化赋能后，生态产品能够作为一种新型资产进行抵押和融资，比如，基于区块链技术发行绿色债券或开发与环境权益相关的金融衍生品。这为生态保护提供了新的资金来源，同时也使社会资本更容易参与到生态环境保护中来，解决了“抵押难”问题①。

（4）提高经营管理效率

生态产业的数字化转型，包括智慧农业、智慧林业、智慧水务等领域，能优化资源配置，提高生态产品的生产效率和质量，并通过精细化管理降低运营成本。例如，利用物联网技术远程监控和智能调控农业生产过程，从而提升生态产品的产出价值。

（5）推动跨界融合与新业态发展

数字技术还促进了生态产品与数字经济的深度融合，催生出如生态旅游、生态教育、线上体验等新型业态。这些都大大提升了生态产品的附加值和社会认可度，进而加速了“绿水青山”向“金山银山”的高效转化。

---

① 陈倩茹、陈彬、谢花林等：《数字赋能生态产品价值实现：基本逻辑与典型路径》，《中国土地科学》2023 年第 11 期。

（6）深化政策制定与实施

政府在推进数字中国建设的整体布局中，将数字生态文明建设作为重要方向，通过数字化手段加强生态治理能力，更好地执行生态保护补偿制度，指导和监督各地生态产品价值实现的具体实践。

41. 未来会出现新的生态产品价值实现路径吗？

根据生态产品的不同属性，现有的价值实现路径主要有政府主导、市场主导和政府—市场三个类型，每种类型下都有多种具体途径[①]，如图 6-1 所示。

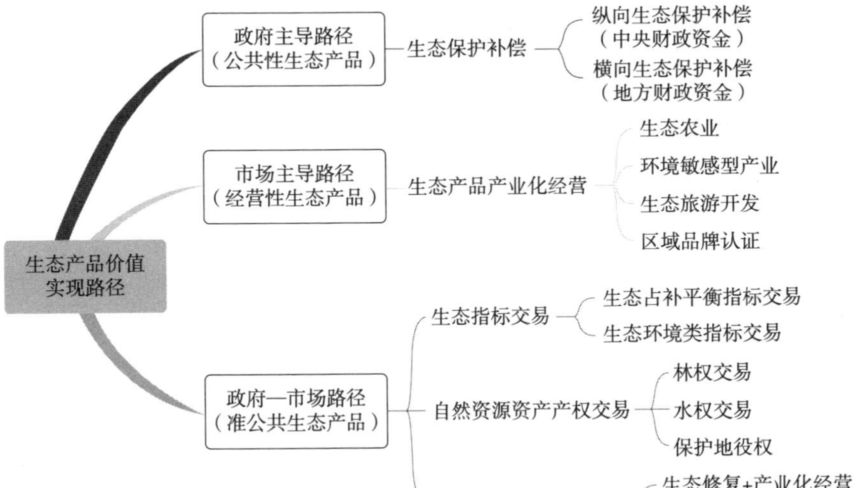

图6-1　生态产品价值实现路径图

资料来源：作者绘制。

① 廖茂林、潘家华、孙博文：《生态产品的内涵辨析及价值实现路径》，《经济体制改革》2021 年第 1 期。

未来出现生态产品价值实现路径很可能是在现有基础上的拓展、深化和创新，尤其是针对经营性生态产品和准公共生态产品的价值实现路径。针对经营性生态产品，未来在生态产品市场化经营方面，会更加突出“特色”资源的“综合”开发。一方面，凸显“特色”。如根据不同海拔梯度上的动植物生态特性，合理布局食（药）用菌、稻鱼共生、蔬菜、中药材、茶叶等农产品，促进高山农业产业发展；以高品质水体为基础，孵化一批水经济市场主体，开发高附加值特色涉水产品，构建水经济创新发展链条；创新高山气候价值化路径，研发罐头压缩空气等产品，发展森林气候养生等产业。另一方面，凸显“综合”。根据本地特色资源，综合谋划建设生态产业。如依托竹木、食品、中医药等特色资源产业，综合发展康养、特色手工业、文化产业、碳汇交易等，实现生态资源的价值增值。针对准公共生态产品，未来的实现路径会更加“多样”。

中国已经启动并完成大量的自然资源确权登记工作，包括土地、矿产、森林、草原、水域、湿地等多种类型自然资源的产权确认，为生态指标和权益交易奠定基础[①]。除了现有的排污权、水权等权益交易，一些地方已经开展了森林覆盖率、以 GEP 作为指标的生态占补平衡、碳汇等新品种的交易实践。此外，生物多样性补偿权、气候服务权等新型权益交易也在先行探索中。另外，

① 金志丰、张晓蕾、陈诚：《自然资源管理创新助力生态产品价值实现：关键环节与实施路径》，《中国土地科学》2024 年第 4 期。

绿色金融与自然资源产权交易深度结合，发展绿色信贷、绿色债券、环境权益质押融资等金融工具，引导社会资本投入到自然资源保护和绿色发展项目中，也是未来生态产品价值实现的重要趋势。

42. 生态产品价值在未来项目建设中如何应用?

生态产品价值核算是特定地域单元生态产品价值核算，也叫VEP核算，核算内容是某一特定地域内生态产品的市场价值。其目的是以项目开发模式为核心，以撬动金融资源支持为驱动，构建一条生态产品价值实现的闭环链条。

VEP核算的应用主要与生态产业开发项目相结合，核算结果是项目开发对于生态产品价值实现的增量。其运作模式是以价值增量为基础，对接资本市场，寻求企业和金融机构的支持。随着生态产品价值实现的重要性愈加凸显，VEP核算将在未来项目建设中发挥重要作用。

虽然VEP核算在北京门头沟区①、浙江湖州市②、安徽黄山市等地区均已进行实践探索，但是当前VEP核算以及应用工作仍处于起步和探索阶段。在未来，其赋能项目开发潜力可能包括以下几个方面。

在项目立项前的环境影响评价阶段，可以通过VEP核算了解

① 北京市发展和改革委员会关于印发《北京市特定地域单元生态产品价值（VEP）核算及应用指南（试行）》的通知，《北京市人民政府公报》2023年第36期。

② 洪恒飞、江耘：《浙江湖州：践行“两山”理念激发市场动能》，《科技日报》2025年1月22日。

项目的建设和运营对周边生态系统可能产生的影响，并量化损失或增益的生态产品价值，作为审批决策的重要依据。

在项目规划设计阶段，结合 VEP 核算结果调整项目设计，选择对生态环境影响最小的设计方案，或者在项目规划中预留生态保护区，实现生态友好的空间布局。

在项目融资过程中，VEP 核算结果在用于项目开发应用和收益获取之外，还可以作为生态补偿的依据，推动政府购买或社会组织直接付费、可持续生计发展和自组织支付等社会补偿手段，助力生态产品价值实现保障机制的建立。随着金融产品的不断创新，VEP 核算结果也可以作为抵押品，助力项目实施主体从银行、投资机构等获得更多的金融支持。

43. 未来如何构建并完善生态产品价值实现的利益共享机制?

生态产品价值实现的利益共享机制是指通过一系列政策和制度安排，将生态产品的经济价值转化为社会福利，使生态效益、经济效益和社会效益得以协同发展的机制。这一机制的核心在于通过合理的利益分配和共享，确保生态产品价值能够被更广泛、更公平地利用和分享。

当前，生态产品价值实现的利益共享机制的建设还处于起步阶段，面临着诸多挑战。如不明确的产权归属使得资源的使用和管理责任变得模糊不清，导致生态保护者无法得到其生态产品价值实现所应有的回报。不公平的利益分配导致价值在不同利益相关者之间分配不合理。同时，生态产品交易的市场机制还不成熟，在很多偏远地区，生态产品开发者和所有者之间存在较大“信息不对称”，这些因素都制约了高效、公平的利益共享机制的建立。

生态产品价值实现是一个复杂的系统工程，需要政府、市场、社会以及农民等多元主体共同参与。高效公平的利益分享机制可以激发各参与方的积极性，促进生态产品的持续发展[①]，缩小城乡

① 张艳楠、邓海雯、王磊:《多元参与主体视角下生态脆弱区旅游开发的利益联结机理与价值共创机制研究》,《旅游科学》2022 年第 4 期。

收入差距和财富差距等。未来构建并完善生态产品价值实现的利益共享机制可能需要包含以下几个方面的内容。

首先，需要明确生态产品价值实现过程中的各方利益主体，包括政府、市场、企业、农户以及当地社区等。各方的责任和角色应清晰界定，以确保在利益分配过程中各方的权益得到保障。

其次，需要强化产权制度建设，明晰生态产品的所有权及其行使主体，规范生态资源资产使用权，保障生态资源资产收益权。这有助于在市场交易中明确各方的权利和义务，确保利益分配的公平性。

再次，需要完善市场化定价机制[①]，并制定多元化的利益分配方案。引入市场化定价机制，通过供需关系、资源稀缺性和环境外部性等因素综合确定价格，从而反映生态产品的真实价值。根据区域生态产品价值实现的实际情况，制定细化的利益分配方案，以保障所有参与者都能够获得应有的生态红利。例如，可以采用“谁投资、谁受益，谁拥有、谁受益，谁经营、谁受益”的原则进行收益分配。

最后，也需要建立完善的考核机制，对生态产品价值实现过程中的各个环节进行监督和评估。这有助于及时发现和解决利益分配中的问题，确保机制的有效运行。

---

① 黎元生：《生态产业化经营与生态产品价值实现》，《中国特色社会主义研究》2018年第4期。

44. “双碳”背景下碳汇类生态产品价值如何实现?

生态产品价值实现与碳达峰碳中和的有机结合是当前生态文明建设的重要议题。探索碳汇类生态产品价值实现路径，将生态产品所蕴含的内在价值转化为经济价值，不仅有助于实现碳达峰碳中和的目标，也可以激励市场主体更好地保护生态环境，提供更加优质的生态产品。

碳汇是指能够从大气中清除二氧化碳的过程、活动或机制。自然系统碳汇的形式多种多样，包括森林、湿地、海洋、草原等自然生态系统，以及人工林、植被恢复工程等人工活动。在“双碳”背景下，很多地区都开展了碳汇类生态产品价值实现的探索，主要包含以下几个方面的实践。

生态系统碳汇生态补偿。通过向保护碳汇载体的主体提供补偿，增加林草碳汇产品的供给。例如，内蒙古呼伦贝尔市通过与国家林草局合作，选择新造林地并编制碳汇造林项目设计文件，以实现碳汇生态产品价值；安徽省借鉴广州和长三角一体化发展碳普惠机制，积极探索森林碳汇补偿机制建设，持续完善生态保护补偿监测支撑体系。

碳汇交易。这是以市场为基础的碳定价工具，为林草碳汇产品价值实现提供了市场化渠道。例如，全国温室气体自愿减排交易市场（CCER）的启动标志着碳汇行业可能再次迎来发展机遇[①]，将碳汇转化为资产，通过碳交易变现其价值。

碳金融。碳金融包括碳基金、政策性碳基金和社会碳基金等，以及碳市场的融资工具、交易工具和支持工具。例如，黑龙江省建立了省级林业碳汇交易体系，并推出了首批碳汇交易项目，与多家企业签订“龙江绿碳”购买合同，拓展了林业碳汇消纳途径；浙江省安吉县的竹林碳汇项目引入了多种金融产品[②]，如碳汇共富贷、碳汇惠企贷等，以支持村集体和企业的参与。

多元化融资模式。探索多元化融资模式，包括绿色信贷、保险和政府补贴政策等。例如，咸阳市设立了林业碳汇建设基金，用于营造碳汇林，实现生态效益和经济效益的双重目标；张家口市将整体林业碳汇资源纳入“双碳”工作总体布局，由塞林集团统筹开发，实现生态价值收益最大化。

当前，这些实践探索初步构成了一个多层次、多维度的碳汇产品价值实现体系，通过政策引导、市场机制和社会资本的参与，推动生态产品价值的实现，助力实现“双碳”目标。

---

① 赵忠宝、耿世刚、李克国等：《“双碳”背景下基于碳汇交易的河北省森林生态效益补偿机制研究》，《林业资源管理》2023 年第 2 期。

② 刘小丽、朱霖：《安吉竹林碳汇项目的实践、成效与启示》，《竹子学报》2024 年第 3 期。

误区篇

45. 哪些产品容易被误认为是生态产品？

“生态产品”首次出现在政府文件中，是在《国务院关于印发全国主体功能区规划的通知》（国发〔2010〕46 号）中。随后，在党的十八大报告、十九大报告和二十大报告中均有相关阐述。在生态产品价值实现工作的推进过程中，随着理论研究和实践应用的深入，大家对生态产品的理解也在不断加深。总的来说，生态产品有如下特征：一是来自生态系统，即森林、草地、湖泊、河流、海洋等自然生态系统，或农田、园地、城市绿地等人工生态系统；二是能支撑或改善人们生存生活的环境条件，能够增进人类福祉，提升人们的生活质量；三是能支撑经济社会发展，为工农业生产提供原材料或保障生产活动的正常开展；四是生态产品多为公共产品，具有非排他性、非竞争性[①]。这里列举几种常常被误认为是生态产品的产品。

（1）工业化畜牧产品

工业化畜牧产品是在人为高度控制的条件下，用营养密集的

① 欧阳志云：《加快建立生态产品价值实现机制　推动长江经济带绿色高质量发展》，国家发展和改革委员会官网，2022 年 1 月 21 日。

工业饲料取代饲料作物，通过工厂等封闭的住房养殖得到的，而非主要基于自然生态系统生产的畜牧产品[①]。虽然工业化养殖极大地提高了生产效率，但由于动物通常生活在狭小的空间中，远离其自然栖息地，难以满足其自然行为需求（见图 7-1），这与生态产品源自生态系统的特点不符，也与生态产品所倡导的尊重生命、维护生物多样性、遵循生态伦理的原则相悖，因此工业化畜牧产品不属于生态产品。

图7-1　工业化养殖示意图

图片来源：作者拍摄。

（2）光伏发电

光伏发电是利用太阳能电池板将太阳辐射能直接转换为电能的一种可再生能源技术。尽管光伏发电是一种重要的清洁能源，但由于没有生态系统参与，因此并不具有生态产品的核心特征。

①《生态产品总值（GEP）核算技术规范》（DB33/T 2274-2025）。

（3）风力发电

风力发电不属于生态产品的原因和光伏发电类似。风力发电是利用风能转换为电能的可再生能源技术，也没有生态系统参与，因此也不是生态产品。

46. 生态产品和绿色食品、有机农产品是什么关系？

生态产品是一个包容性较强、边界较为宽泛的概念，包括所有源自生态系统的有价值产出，其中既有物质产品，也有非物质服务。而绿色食品和有机农产品可以被认为是食品类别下的生态产品子集，关注的是食物链上的绿色、安全、优质等属性。

绿色食品是中国特有的食品安全和质量认证体系下的一个类别，主要是指产自优良生态环境、按照绿色食品标准生产、实行全程质量控制并获得绿色食品标志使用权的安全、优质食用农产品及相关产品[①]。绿色食品的生产允许使用农药和化肥，但对用量和残留量有严格规定，通常比无公害标准更为严格。绿色食品强调安全、优质与营养，旨在保障消费者的食品安全，同时鼓励农业生产的可持续发展。

有机农产品是根据其生产标准和方式生产、加工出来，并通过有机食品认证的农产品，也被称为有机食品、绿色生态食品，是纯净、天然、安全、无污染、健康营养的农产品[②]。有机农产品

① 农业部:《绿色食品标志管理办法》，2012 年 7 月 30 日。

② 王娜、任士伟、王亮:《中国有机农产品发展概况》,《现代农业科技》2017 年第 9 期。

主要有四个方面的特点：一是原料来自有机农业生产体系或采用有机方式采集的野生天然食品；二是其生产过程，包括种养、加工、包装、贮藏、运输等，严格按照有机食品的标准；三是质量跟踪审查体系和生产销售记录档案完善；四是通过有机食品认证[①]。有机农产品的认证通常由独立的第三方机构进行，通过认证的产品可使用相应的有机标签。

简而言之，生态产品是一个包含绿色食品和有机农产品在内的更广泛的概念（见图 7–2），而绿色食品和有机农产品是生态产品中针对食品安全和生态属性进行特定标准认证的两个具体类别，分别代表了不同层次的生态农业生产实践。

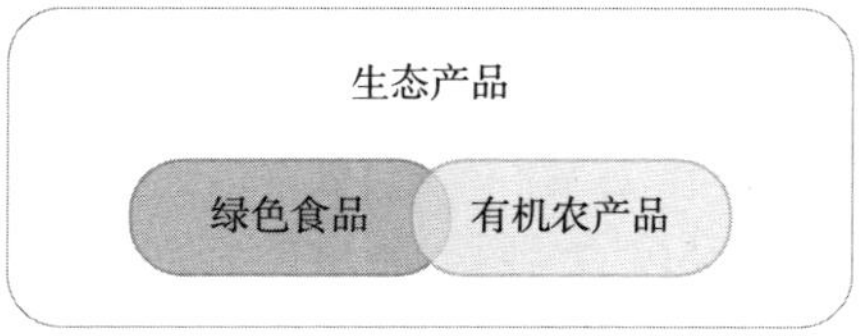

图7-2　生态产品与绿色食品、有机农产品的关系示意图

资料来源：作者绘制。

① 孙立勇:《世界有机农产品生产概况及认证》,《中国果菜》2011 年第 1 期。

47. 文化服务产品中的“文化”应该怎么理解？

平时我们所说的“没文化，真可怕”中的“文化”通常是指一个人的学识、受教育程度等。而“文化服务”中的“文化”内涵与之不同，“文化服务”是指自然生态系统以及与其共生的历史文化遗存，给人类知识获取、休闲娱乐等方面带来的非物质惠益，以生态旅游为代表[①]。

生态产品文化服务的内容直接来源于自然生态系统，如自然资源的美学价值、生态系统的教育价值、生态旅游的休闲价值等，更专注于自然环境与人类文化的交汇点，强调的是人与自然的互动与体验，以及生态价值的发掘与传播。

其中，美学价值可以理解为生态系统（如森林、湿地、山川、湖泊、海岸线等）以其独特的自然景观、生物多样性及季节变化，为人们提供了丰富的审美对象，激发人们的美感体验和艺术创作灵感，如风景画、诗歌、音乐、摄影等文化艺术作品往往以自然景观为题材或背景。教育价值体现在生态系统作为活生生的自然教室，为公众尤其是学生们提供了直观、生动的学习环境，有助于自然科学知识的传授与理解，如生态学、生物学、地理学等。

① 《生态产品总值（GEP）核算技术规范》（DB33/T 2274–2025）。

休闲价值主要体现在，通过生态旅游等活动，人们可以亲近自然，从而减轻压力、改善身心健康，实现精神寄托与心理疗愈。

“文化服务”体现了自然环境在塑造人类文化、滋养精神生活、启迪生态伦理等方面不可或缺的作用。这些非物质文化价值与生态系统提供的物质产品与调节服务共同构成了生态系统服务的完整体系。

48. 公众能否从生态产品价值实现中获利?

公众可以通过多个层面和途径参与到生态产品价值实现的过程中，并从中获得经济、社会、自然等多方面的收益。

（1）通过消费受益

公众作为消费者可以直接购买和享用生态产品，如纯净的饮用水、新鲜的空气、优美的自然景观等。这些生态产品提供了健康的生活环境、休闲娱乐空间和精神文化享受，提升了公众的生活质量，间接节省了因环境污染和生态破坏可能带来的医疗保健、防护设备等开支。

（2）实现就业与增收

在生态产品价值实现过程中，往往会带动生态产业的发展，如生态农业、生态旅游、环境敏感型产业等。这些产业可以为公众提供绿色就业岗位，通过参与生态产品的生产、加工、服务等环节，实现就业与增收。特别是在农村地区，生态产品价值实现有助于推进农民致富和乡村振兴。

（3）获得生态补偿

生态补偿是生态产品价值实现的重要途径，旨在实现“生态受益者付费，生态保护者获偿”的目标。例如，为了保护山上森林，让树木继续发挥吸收二氧化碳、涵养水源、防止水土流失等作用，一些林农的承包山被划作公益林，林农们为了保护山上森林而少采伐了木材。这部分减少的原有经济收入，可通过政府发放的生态公益林补偿资金来弥补。

49. GEP提高，生态一定变好吗？

理论上来讲，GEP 提高意味着生态系统提供的各种产品和服务的价值总量增加，这在一定程度上可以反映生态系统的健康状况和功能提升。GEP 这一概念的提出也是为了量化反映生态系统功能状况。但严格来说，不能将 GEP 提高等同于生态一定变好，因为实际情况可能更为复杂。比如受到以下因素的影响。

（1）计算方法与数据质量

GEP 的计算涉及大量的生态学、经济学数据和复杂的模型分析，其准确性取决于数据的完整性和科学性、计算方法的合理性以及模型参数的选择。如果数据采集不全面、计算方法有偏差或者模型参数设置不合理，就可能导致 GEP 数值并不能准确反映实际的生态系统状态。

（2）价值衡量的主观性

GEP 中的部分服务（如文化服务）价值评估具有一定的主观性，依赖于人们对生态系统服务的认知、偏好和价值取向，不同的评估标准和方法可能导致 GEP 结果的差异。因此，GEP 提高并不完全等同于生态系统的客观改善，还需结合其他客观生态指标

（如生物多样性、土壤肥力、水质等）进行综合评估。

（3）短期效应与长期效应

GEP提高可能源于物质供给、调节服务、文化服务等任何一类生态产品价值的提升，但这并不意味着生态系统已经实现了长期稳定和健康。例如，物质供给价值显著提升可能是由过度开发生态资源引起的，同时可能伴随调节服务价值的下降，虽然短期内可能带来经济效益和GEP的提升，但从长远看，可能削弱生态系统的稳定性。

GEP提高虽然可以作为评估生态系统状况的一个重要参考指标，但不能作为判断生态是否变好的唯一依据。要全面、准确地评价生态系统的健康状况和变化趋势，还需要结合其他生态指标、社会经济因素，以及对生态系统内在机制的深入理解。

50. 所有生态产品都包含在GEP核算内容中吗?

GEP 核算的目标是尽可能全面地量化生态系统为人类提供的各类产品和服务的价值。然而，在实际操作中，由于技术、数据、方法学等多种因素的限制，不可能将所有生态产品都纳入 GEP 核算体系中。

（1）核算方法的局限性

由于相关核算标准和指南的局限性，可能存在一些生态产品未被明确纳入或难以用现有方法进行量化的情况。例如，自然景观带来的审美愉悦、自然环境对个人心理健康的促进作用，其价值很大程度上取决于个体或群体的主观感受、文化背景和价值观，目前的文化服务评估方法往往难以准确捕捉和统一度量其价值。

（2）数据缺乏与精度不足

GEP 核算依赖于大量生态学、气象学、地理学、水文学、农学、经济学等方面的数据，包括自然资源数据、气候数据、市场价格、成本效益分析等内容。对于某些生态产品，尤其是那些难以直接观测、量化或市场价值不明显的生态产品（如调节服务、部分文化服务等），由于数据缺乏或精度不足，可能难以被准确纳入 GEP 核算。

（3）技术与方法学限制

目前，生态产品价值评估的方法学还在不断发展和完善中。对于某些复杂、非市场化的生态产品，如生态系统对全球气候变化的调节作用等，现有的估值方法可能尚不足以准确捕捉其全部价值。这些难以估值的产品可能暂时无法被完全纳入 GEP 核算。